August Stöber

Jörg Wickram Volksschriftsteller und Stifter der Colmarer

Meistersängerschule im 16. Jahrhundert

August Stöber

Jörg Wickram Volksschriftsteller und Stifter der Colmarer
Meistersängerschule im 16. Jahrhundert

ISBN/EAN: 9783744611329

Hergestellt in Europa, USA, Kanada, Australien, Japan

Cover: Foto ©ninafisch / pixelio.de

Weitere Bücher finden Sie auf **www.hansebooks.com**

Jörg Wickram,

Volksschriftsteller und Stifter der Colmarer Meistersängerschule
im 16. Jahrhundert,

und dessen vorzüglichste Schriften,

dargestellt

von

August Stöber.

Zweite vermehrte und verbesserte Bearbeitung.

Mülhausen,
Gedruckt bei J. P. Rißler u. Komp.
Zu finden in allen Buchhandlungen des Elsasses.
—
1866.

Vorwort.

Ich wollte ursprünglich dem Elsässischen Samstags-blatte nur eine Beurtheilung der neuen von Heinrich Kurz, in Aarau, besorgten Ausgabe von Jörg Wickrams Rollwagenbüchlein geben. Weitere Nachforschungen über unseren Colmarer Volksschriftsteller, ließen mich jedoch einige neue Entdeckungen über ihn und seine Familie machen, und so wuchs mir die Arbeit nach und nach heran. Ich wage es, dieselbe, so lückenhaft sie auch ist, als Beweis guten Willens, der Nachsicht der Freunde elsässischer Literatur und Geschichte anzubieten.

Mülhausen, 6. September 1865.

Der Verfasser.

Seinem Freunde

Dr Heinrich Kienlen,

Pfarrer zu St. Wilhelm in Straßburg und Präsidenten des
Consistoriums,

in

allen Treuen

gewidmet

vom

Verfasser.

1. Einleitende Bemerkungen über die Schwänkesammlungen des 16. Jahrhunderts.

Nimmt man die zu Anfang des 16. Jahrhunderts erschienenen lateinisch geschriebenen facetiac des Bebelius aus, die später öfters, deutsch bearbeitet, in andere Sammlungen übergingen: so führen uns die Schwänkebücher desselben Jahrhunderts, die sich als Lieblinge des Volkes bis ins folgende erhielten, beinahe sämmtlich auf elsässischen Boden.

Den Reihen beginnt der launige, vielerfahrene Barfüßer Johannes Pauli, ein Schüler und Zuhörer Geilers, der bei vierzig Jahre als Lesemeister in Thann gepredigt, mit seinem allverbreiteten, vom Jahr 1522 bis 1567 in fünfundfünfzig Ausgaben bekannt gewordenen Volksbuche „Schimpf und Ernst«.

Auf ihn folgt Georg Wickram, von dessen Rollwagenbüchlein der treffliche befreundete Literaturhistoriker Heinrich Kurz, Professor und Bibliothekar in Aarau, vor kurzem eine neue schön ausgestattete Ausgabe erscheinen ließ[1]), die wir als willkommenes Alsaticum begrüßen und weiter unten näher besprechen müssen.

[1]) Sie bildet den siebenten Band der von ihm unter dem Titel „Deutsche Bibliothek" herausgegebenen Sammlung seltener Schriften der älteren deutschen National=Literatur. Leipzig 1865, L und 252 Seiten, kl. 8., auf schönes, weißes, geglättetes Papier mit rother Einfassung gedruckt.

Die Gunst die sich Wickram mit seinem Buch beim Volke gewann, veranlaßte den Frankfurter Buchdrucker Nikolaus Baßäus Jacob Frey's „Gartengesellschaft", die zuerst 1557 erschien, als „das ander theil beß Rollwagens", so wie des Martin Montanus „Wegkürzer", aus dem=selben Jahre, als „das dritte theil beß Rollwagens", 1597 mit diesem in einen gemeinsamen Band zu vereinen. Beide Verfasser waren ebenfalls Elsässer: der erstere Stadtschrei=ber zu Mauersmünster; der letztere, ein Straßburger.

Diese Schwank= und Anekdotenbücher, nebst ähnlichen, wie Lindner's „Katzipori" und „Rastbüchlein", Schu=mann's „Nachtbüchlein", Kirchhof's „Wendunmuth" u. a. [1]), waren nicht blos für's Volk bestimmt, sie sollten auch ehrbaren Kaufleuten, wenn sie mit ihrer Waare zur Messe nach Straßburg oder nach Frankfurt zogen, sei's auf Rollwagen oder auf Schiffen, so wie andern wackern Bür=gersleuten in Scherhäusern und Badstuben, als Zeitver=treiber dienen. Sie bilden eine vollständige Literatur, die ein getreues anschauliches Bild des Volkswitzes und der Sitten jener Zeit liefern. Eine gute Auswahl davon, nebst etwas dürftigen, literarischen Nachweisungen, hat Ignaz Hub unter dem Titel „Die deutschen Volksbücher und Schwänke des 16. Jahrhunderts", 1857 in Nürnberg ver=öffentlicht. Karl Göbeke kündigte im ersten Bande, S. 372, seines Grundrisses zur Geschichte der deutschen Literatur eine ähnliche Sammlung an, die jedoch, soviel mir bewußt, noch nicht erschienen ist.

1) Die vollständigen Titel derselben nebst Beschreibung der Ausgaben und Notizen über die Verfasser, sind bei K. Göbeke, Grundriß zur deutschen Literatur, Bd I., S 373—378, Dresden 1862; nachzule=sen. Diese Schriften befinden sich auf der Straßb. Stadtbibliothek.

2. Notizen über einige Mitglieder der Familie Wickram.

Der Verfasser des Rollwagenbüchleins, Georg oder Jörg, wie er sich selbst nennt, gehört der aus Türkheim, einer der zehn elsässischen Reichsstädte, stammenden angesehenen, jetzt ausgestorbenen Familie Wickram oder Wickgram [1]) an, welche mehrere ausgezeichnete Männer, auf verschiedenen Gebieten geistigen Wirkens aufzuweisen hat.

Die Wickramgasse, in Colmar, ist zu Ehren desjenigen unter ihnen also genannt, welcher die noch im 14. Jahrhundert aus Morastboden bestehende Au in ein fruchtbares Land umgewandelt, das beinahe zwei Stunden im Umfange hat und aus Gartenfeld, Aeckern, Reben, Wiesen und Waldungen besteht, die von den klarfließenden fischreichen Wassern der Lauch und Thur umspült werden. In der Ober-Au trug, noch zu Ende des vorigen Jahrhunderts, ein Theil den Namen Wickrams Blumenfeld, der, ungeschickter Weise, später in denjenigen „Niklas Brunnfeld" umgestaltet wurde. Desselben Ehrenmannes steinernes Brustbild schmückte einst die Krone der innern Hauptthüre des alten Rathhauses oder ehemaligen Waagkellers [2]). Sein Vorname ist nicht erhalten worden, jedenfalls ist aber dieser Wickram der älteste der bis jetzt bekannt gewordenen.

Mehrere derselben besaßen in Colmar das Bürgerrecht.

---

1) Der Name vom alten wic, wich, Kampf, und ram, Rabe, in latinisirter Form Wicraunnus, bedeutet wörtlich: Kampfrabe. Stoffel, in der Alsatia 1833, S. 252.

2) (Billing), der Patriot. Elsässer, 1777, 1, 88.

Im Jahr 1458 kömmt dort ein Conrab als Gerichtsschreiber vor.

Einer Notiz im Pfarr-Register von St. Martin zufolge, starb ben 8. August 1508 der Protonotarius Vinzenz W., dessen Söhne Johann und Georg waren [1]).

Einem Wickram, dessen Vorname nicht mehr bekannt ist, wurde 1514 auf dem St. Anna Kirchhofe zu Colmar ein Grabstein gesetzt mit dem Wappen des Geschlechtes: "einem runden Kolben ohne Stacheln mit einem Griffe, fast wie der sogenannte Colmarer Sporn" [2]).

An unsern herrlichen Geiler von Kaisersberg [3]), schließen sich Peter und Conrab Wickram, dessen Schwester= söhne. Ersterer war eine zeitlang Schulrektor zu Breisach [4]), wo er sich durch Einführung einer neuen Methode verdient machte, wurde Doktor der Theologie und folgte sodann seinem Oheim, von dem er eine Predigtsammlung heraus= gab [5]), als Domprediger im Münster zu Straßburg nach, woselbst er von 1510 bis 1523 wirkte. Röhrich sagt von ihm in seiner Geschichte der Reformation im Elsasse: "Als

---

1) S. Dr. Kienlen, in den Elsässischen Neujahrsblättern 1846, S. 288.

2) Silling, S. 86.

3) Warum ist diesem hochverdienten Elsässer, der als Mensch und Schriftsteller eine der schönsten Zierden des Landes ist, in unsrer denkmalsüchtigen Zeit, noch kein Ehrendenkmal errichtet worden? Sein in Holz geschnittenes, seitdem oft durch Steindruck wiedergegebenes Bildniß ist vor seiner Predigtsammlung „Postille" zu finden und würde sich, in der schönen alten Tracht, in Stein gehauen, gewiß trefflich ausnehmen.

4) Rosmann und Ens Geschichte von Alt=Breisach, S. 284.

5) Sermones et varii Tractatus Keiserspergli. Argentorati, Grüninger 1518, fol.

ſtrenger Sittenprediger hatte er ſchon zuvor, dem Beiſpiele
ſeines großen Oheims folgend, bei mancher Gelegenheit
freimüthigen Tadel über beſtehende Mißbräuche hauptſäch-
lich über die tiefe Verſunkenheit der Geiſtlichen ſeiner Zeit,
ausgeſprochen. Jetzt (1521) fieng er an öffentlich in ſeinen
Predigten ſich zu den geläuterten Religionsanſichten zu be-
kennen, und ſchrieb in dieſem Jahre noch ſelbſt an Zwingli,
um demſelben ſeinen Beifall zu erkennen zu geben und ihn
zur muthigen Ausdauer in dem begonnenen Werk zu er-
muntern; jetzt, ſagte er, höre ich einmal wahre chriſtliche
Hirten, die ihren Schäflein Brod und nicht abgeſchmackte
Mährchen darbieten. — Jedoch Wickgrams Eifer war blos
auf das moraliſche Verderben der Glieder der Kirche ge-
richtet, deſſen wahren, in das ganze römiſche Kirchenſyſtem
verflochtenen Grund, ſein beſchränkter Geiſt nicht erfaßt
hatte. Die Reformation des Lebens der meiſten Geiſtlichen
ſeiner Zeit wollte er; als er aber ſah, daß die Reforma-
toren, welche die tiefer liegenden Quellen des Uebels beſſer
erſpäht hatten, zu der Reformation der Lehre übergiengen,
trat er, wie manche ſeiner Zeitgenoſſen, von ihrer Gemein-
ſchaft zurück, denn er ſah in ihnen nichts als gefährliche
Neuerer. Anhaltende Kränklichkeit hatte ſeinem Charakter
etwas Grämliches gegeben und die Kraft ſeines Geiſtes
gebrochen, ſo daß die Eingebungen des Domkapitels, von
welchem er abhieng, es endlich dahin brachten, daß er
gegen die Reformation heftig predigte" 1).

Conrad, Peter Wickrams Bruder, war Suffragant oder
Weihbiſchof der Hochſtifte Baſel und Straßburg; er ſtarb
1534 in letzterer Stadt, ſein Leichnam wurde aber nach

1) Bd 1, S. 129—130. — *Grandidier*, Essais sur la cathédrale de
Strasbourg p. 82—85.

feinem Heimatorte Türkheim gebracht und in der St. Bar-
barakapelle der dortigen Pfarrkirche begraben. In feinem
Teſtamente beſtimmte er den Ertrag eines Theils feiner
Güter einem ſtublerenden Jünglinge der wickramiſchen
Familie, der von dem älteſten Mitgliebe derſelben und dem
Dechanten in Colmar bezeichnet werden ſollte; konnten
dieſe ſich in ihrer Wahl nicht vereinigen, ſo fiel der Vor-
ſchlag dem Bürgermeiſter von Türkheim zu [1]).

Ein anderer Conrad lebte zu Anfang und in der Mitte
des 16. Jahrhunderts; er war von 1521 bis 1546 Stätt-
meiſter in Colmar [2]).

Ein jüngerer Vinzenz erſchien 1521 als Geſandter der
zehn freien Reichsſtädte des Elſaſſes, mit Ausſchluß von
Hagenau, auf dem Reichstage zu Worms [3]).

Valentin war 1510 Schulrektor in Breiſach; er war
des oben beſprochenen Peter Wickrams Nachfolger, der in
jenem Jahre an Geilers Stelle nach Straßburg berufen
worden.

Im Jahr 1534 kommt ein Bartholomäus Wickram
als Stiftsherr zu St. Martin in Colmar vor [4]).

Gregorius Wickram war Gerichtsſchreiber in derſelben Stadt und gab 1537 eine Schrift heraus mit fol-
gendem Titel: „Biecher Vincentii Obſopei, Von der kunſt
zu trinken" [5]).

1) **Billing**, S. 87. S. über Conrad auch Grandidier, p. 77.

2) **Billing**, ebendaſ.

3) **Billing**, ebendaſ.

4) **Röhrich**, S. 127, Anm. 17.

5) S. **Kurz**, VI. — Hub, S. 27 und Gödeke, S. 369 ver-
wechſeln dieſen Gregorius mit unſerm Georg

Endlich finden wir um das Jahr 1534 einen **Georg Wickram** als Buchdrucker und Bürger in Colmar [1]).

3. Jörg Wickram. Biographische Nachweisungen.

Mein werther Freund und ehemaliger College, Dr. H. Kienlen, jetzt Pfarrer und Consistorial-Präsident in Straßburg, vermuthet mit Recht, Georg Wickram sei in Colmar geboren und der Sohn des bereits erwähnten, den 8. August 1508 verstorbenen Vinzenz gewesen [2]); eine Annahme, der auch Göbeke und Kurz folgen, und die für sich hat, daß der zweite von Vinzenz Söhnen Georg hieß, und dessen Leben in die Zeit fällt, da der Verfasser des Rollwagenbüchleins gewirkt hat.

Von seiner Kindheit und seinen Lehrjahren ist nichts bekannt; auch von seinen spätern Lebensumständen sind nur wenig spärliche Andeutungen oder bestimmte Daten vorhanden.

Jörg Wickram ist wohl in den neunziger Jahren des 15. oder zu Anfang des 16. Jahrhunderts geboren und um 1561 oder 1562 gestorben, was aus der Vorrede des »Christlichen Burger-Spieles Tobias« hervorgeht, die der Buchdrucker „Thiebolt Berger am Barfüsser Platz, zu Straßburg“, in gedachtem Jahre herausgab [3]).

Mit Gewißheit können nur folgende Thatsachen aus Wickrams Leben festgestellt werden: daß er von Colmar und daselbst Bürger, Dichter und Gründer der dortigen Meistersängerzunft war, wie er es, für die

---

1) Röhrich.
2) Elsässische Neujahrsblätter, 1846, S. 288.
3) Göbeke, I, 870; vgl. Kurz, X.

erſtern Bezeichnungen, auf mehrern Titelblättern ſeiner
Bücher ſelbſt ſagt, und wie es, für die letztern, aus einem
andern, ſchriftlichen Zeugniſſe von ihm hervorgeht. »Aus
einer handſchriftlichen Bemerkung Wickrams im Colmarer
Meiſtergeſangbuch, ſagt Kurz (VII), daß er im Jahre 1546
zu Schlettſtadt gekauft hatte und das ſich jetzt auf der
Königlichen Bibliothek zu München befindet, ergibt ſich, daß
er die Meiſterſängerſchule in Colmar gegründet hat. Es
wird dieß durch eine zweite Bemerkung in der ebenfalls in
München befindlichen und von Wickram herrührenden
Abſchrift eines Liederbuchs von Hans Sachs beſtätigt. Es
heißt in derſelben: „Vnd gehort diß Buoch der gemeinen
ſingſchuol zuo Colmar, ward angefangen zuo ſchriben durch
jergen Wickramen Tichter vnd anfenger diſer
ſchuolen. Gott der almechtig welle weiter genod gebenn.
Amen. Anno ſalutis 1549, tertio Auguſti.“ Im oben erwähnten Meiſterſängerbuch ſteht von Wickrams Hand:
»Anno Domini 1546 vff beß ſelgenn Apoſtels Sant Tho-
maß Tag hab ich Jerg wickram diß buoch zuo ſchlett-
ſtatt gekauft.... Hab demnoch vff volgenden weinacht
tag Sampt einer geſelſchaft die erſte ſchuol gehalten ¹).

Beſtimmt iſt endlich nachweisbar, daß unſer Wickram
Proteſtant ²) war und in der zweiten Hälfte der fünf-
ziger Jahre, als Stadtſchreiber zu Burgheim lebte.
In der Widmung der älteſten bekannten, im J. 1555 ohne
Orts- noch Buchdrucker-Angabe erſchienenen Ausgabe ſei-

---

1) Meiſterlieder der Kolmarer Handſchrift, herausgegeben von K.
Bartſch. Stuttgart 1862, p. 2 u. 3.

2) Zahlreiche Ausſprüche und polemiſche Ausfälle gegen die römiſche Kirche beweiſen dies.

nes „Rollwagenbüchleins", heißt es: „Dem ersamen für-
„nemmen vnd achtbaren Martin Neuen, Burger vnnd Wirdt
„zuo der Bluomen zuo Colmar, meinem insonders günsti-
„gen Herren vnd guoten freündt ... Datum Burckheim
„auff Marie daß neuw Jar, nach der geburt vnsers Sälig-
„machers 1555 Jar. Euwer allzeit dienstwilliger Jörg
„Wickram, Stattschreyber zuo Burckhaim" [1]).
Welches ist nun dieses Burckhaim oder Burgheim?
Diese Frage hat bereits mehrere Literaturhistoriker be-
schäftigt, so auch neuerdings Heinrich Kurz, den bereits
erwähnten Herausgeber des Rollwagenbüchleins, der sie
unentschieden läßt. Ich glaube sie zur Lösung bringen zu
können; der verehrliche Leser muß mir aber ein näheres
Eingehn in geschichtliche Umstände gestatten.
Strobel und nach ihm einige Andere, sehen in Burgheim
unser Bergheim oder Ober-Bergheim, bei Rappolts-
weiler [2]), welches allerdings vor Wickrams Zeiten und noch
jetzt als Stadt vorkommt, also auch seinen Stadtschreiber
haben konnte. Allein unter den manchfachen, seit 727 bekannten Schreibarten [3]) des Ortsnamens, lautet keine Burgheim oder Burckhaim, als dessen Stadtschreiber sich Wickram seit dem Jahre 1555 bezeichnet; auch habe ich in den
Archiven von Bergheim, die ich vor einigen Jahren
ziemlich genau durchsuchte, keine Meldung von ihm gefunden.
An Ebenburg, das auch Ebenburgheim [4]) und

1) **Kurz**, XVI.
2) Vaterländische Geschichte des Elsasses, IV, 135.
3) Perchhaim, Berchaim, Bergheim, Berkheim, Berckou u. a.
4) Nach Grandidier, Hist. d'Alsace, pag. 25, auch Oelenburg
und Oelenburgheim.

Burgheim geschrieben wird ¹), ein 1338 zerstörtes Dorf, bei Biesheim, ist eben so wenig zu denken, denn an Burg-heim, an der Kirneck, das nirgends als Stabt genannt wird. Herr Brion, Pfarrer in Gorweiler, zu welchem das Dorf als Filial gehört, schrieb mir übrigens das dortige Kirchen-Archiv gehe nicht bis auf Wickrams Zeit hinauf.

Der Ort kann kein anderer sein als das zwei Stunden unterhalb Alt-Breisach, am Rhein gelegene alte Städtchen Burgheim. Herr Mone, Sohn, vom Carlsruher Landes-Archiv, macht nun zwar Einspruch gegen diese Vermuthung, indem er das badische Städtchen für zu klein hält. Diese Behauptung ist aber durchaus irrig, eine Thatsache von welcher sich Herr Mone leicht überzeugen kann, wenn er einige Bücher über die Geschichte seines Landes zu Rathe ziehen will, wie: Kreuter's Geschichte der Vorder-Oestreichischen Staaten ²); sodann ein kleines aber treffliches Büchlein betitelt „der Kaiserstuhl im Breisgau, eine topographisch-historische Beschreibung" ³); sowie seines eigenen Herrn Vaters Zeitschrift für die Geschichte des Oberrheins ⁴). In diesen dreien Schriften, den einzigen die ich über unsern Gegenstand besitze, wird er urkundlich be-wiesen finten, daß, in ältern Zeiten, das Städtchen Burg-heim wichtig genug war um einen Stadtschreiber gehabt zu haben. Ich will dieß nun näher darthun.

Wahrscheinlich reicht Burgheim in die Römerzeit hinauf

---

1) In der Handschrift von Stoffels Dictionnaire géographique du Haut-Rhin, dessen Druck sich leider allzusehr in die Länge zieht.

2) Fürstliches Reichsstift St. Blasi 1790, 2 Bände.

3) Freiburg i. B. 1819; ohne Namen des Verfassers.

4) Z B. Band II, S. 196 und XVII, S. 127.

und verdankt seine Entstehung einem jener befestigten Wart-
thürme, die Kaiser Valentinian, der ältere, im Jahr 369
an beiden Rheinufern errichten ließ [1]).

Im 9. Jahrhundert, wenn nicht schon im 8ten, gehörte
das Städtchen der Abtei Einsiedeln, unter deren Herrschaft
die Kirche dem Apostel Petrus («s. Petri apostoli») ge-
weiht wurde, der aber dem h. Pancratius, dem jetzigen
Patron derselben, weichen mußte [2]). Otto II., den sein
Vater Otto, der Große, 968 zum Mitkaiser gemacht, be-
stätigte in einer Urkunde vom Jahr 972 dem Gotteshause
Einsiedeln seine Rechte auf Burgheim [3]).

Später wurde das Städtchen der Sitz einer Herrschaft,
dann eines der acht Bezirke oder Landfahnen des Breisgau's, die theils ihre Besitzer, theils ihre Lehenträger [4]), häufig
wechselte und zu welcher noch die Ortschaften Ober- und
Nieder-Rothweil, Jechtingen, Oberbergen und Vogtsburg
gehörten [5]). Städtchen und Herrschaft kommen in den alten
Urkunden unter dem Namen des Thalgangs oder Thals
und Thalgangs vor (1259, 1267, 1281, 1382) [6]). Burg-

1) Dazu gehören wohl, im Ober-Elsaß, u. a., Butenheim, bei
Homburg; Burghofen, zwischen Ruemersheim und Banzenheim;
Steinbrunn, bei St. Columba, zwischen Blodelsheim und Feß-
senheim, und Ebenburg, bei Kießheim.

2) Mone, XVII, S. 127.

3) Kreuter, I, 370.

4) Im Jahr 1382 kaufte es Martin Malterer, östreichischer Land-
vogt im Elsaß und Breisgau; in der Mitte des 15. Jahrhunderts
wird es östreichisches Lehen; — 1562 sind Stadt und Herrschaft an
den trefflichen Lazarus Schwendi verpfändet.

5) Der Kaiserstuhl, S. 23; vgl. J. Bader, Badenia I, 97.

6) Kreuter, I, S. 377.

heim war demnach von einer gewissen Wichtigkeit, und
Kaiser Karl IV. der den 26. Dezember 1346 mit einem
Theil seines Gefolges, von Basel kommend, den Rhein
herabfuhr, verschmähte es nicht, in seinen Mauern zu
übernachten 1).

Jörg Wickram, der in seinem Rollwagenbüchlein mehrere
seiner Schwänke in den Breisgau verse§t 2), wäre übrigens
nicht der einzige Oberelsäsier, der in diesem Gebiete ange-
stellt gewesen; schon vor ihm waren ja Peter und Valentin
nacheinander Schulrektoren in Breisach, wie bereits angegeben worden.

Dasselbe Breisach, mit seinem mythischen Eckartsberge
gab wohl auch unserm Jörg den Gedanken, den Helden
desselben, den treuen Eckart, zum Gegenstande seines
1538 erschienenen gleichnamigen Fastnachtspieles zu machen.

Somit glaube ich die Akten zu Gunsten des badischen
Burgheims, in unserer Frage, getrost schließen zu können
und festgestellt zu haben, daß Jörg Wickram in den
fünfziger Jahren des 16. Jahrhunderts, daselbst das Amt
eines Stadtschreibers bekleidete.

4. Jörg Wickram's vorzüglichste Schriften:

1) Das Narrengießen.

Wickrams zahlreiche Schriften, von welchen ich nur das
Narrengießen, den treuen Eckart, das Rollwagenbüchlein und den Goldfaden näher besprechen will,
hat, am vollständigsten und treuesten, Karl Gödeke in seinem

---

1) Kreuter, II, 78; — Trouillat, Hist. de l'anc. Evêché de Bâle,
III, 606.

2) S. bei Kurz, S. 166 u. 167.

mit seltenem Fleiße ausgearbeiteten „Grundriß zur Ge-
schichte der deutschen Dichtung" zusammengestellt [1]). In der
Einleitung zur neuen Ausgabe des Rollwagens, läßt
Heinrich Kurz die erfreuliche Kunde hören, daß er die
vorzüglichsten von Wickrams Büchern in seine „Deutsche
Bibliothek" aufnehmen werde; unsere ältere elsässische
Literatur wird dadurch einen namhaften Zuwachs er-
halten.

In die Jahre die Wickram, wie er selbst auf den Titelblättern seiner Schriften sagt, als „Burger" in seiner Vater-
stadt zubrachte, fallen einige Fastnachtsspiele, sowie andere
dramatische Spiele, die zum Theil weltliche, zum Theil
biblische Stoffe behandeln und beinahe sämmtlich „durch
ein Ersame burgerschafft einer löblichen statt Colmar ge-
spilt worden sind."

Das älteste bekannte, welches schon im Jahr 1531 ver-
faßt und dargestellt wurde, jedoch erst 1534 zu Straßburg
im Druck erschien, und wovon ich nur den Titel angeben
kann, ist: „Die zehen Alter nach gemeynem lauff der
Welt», das eine Ueberarbeitung, für den Zweck der Darstellung, von Pamphilus Gengenbachs gleichnamigem Stücke ist.

Komischer und, wie Zarncke in seiner Einleitung zu
Brant's Narrenschiff (S. CXXVI) bemerkt, „mit außer-
ordentlicher Lebendigkeit und dramatischem Geschicke" aus-
geführt, ist:

„Das Narrengießen, ein kurtzweylig Faßnacht Spyl,
„wie zu Colmar von einer Burgerschafft gespylt worden ist,

---

1) Ausgenommen jedoch die Ausgaben von: Rollwagenbüchlein,
die H. Kurz vollständiger hat.

„an der Herren Faßnacht 1537." Unter dem Titelholz-
schnitte stehn folgende Reime:

> Hierin ein yder mag erfaren
> Wie er soll giessen artlich Narren
> Kurtz, lang, dick, dünn, leycht oder schwer
> Nah alles seines hertzen ger «

Göbele und Kurz schreiben dieses Spiel unserm Wickram
zu, während Zarncke es ihm nicht gerade abspricht, jedoch
dessen Autorschaft in Zweifel zieht; Gottsched will den Verfasser des Narrengießens in Hans Sachs finden; die
Sprache ist jedoch die der elsässischen Bürgersprache jener
Zeit und Wickrams Ausdrucksweise völlig ähnlich.

Sebastian Brant's Narrenschiff hat bekanntlich eine
Menge mehr oder weniger verwandter Schriften didakti-
scher, erzählender oder dramatischer Art veranlaßt. Narren-
beschwörungen, Narrenschneiden, Narrenbrü-
ten, Narrenbad, Narrenfressen, Narrenkappen
und andere mehr.

Wickram war einer der ersten, der mit seinem Narrengießen[1]) in die Reihe trat. Den das Stück einleitenden
Herold läßt er sagen: die Zahl der Narren habe im
Lande abgenommen, denn die Einen thäten die Narren
täufen, Andere sie schleifen, Andere sie behobeln, zersägen,
gewegen, boren, schweren oder scheren. Diesem Mangel
abzuhelfen, sei ein Meister gekommen, der die Narren
gießen kann. Jetzt erscheint dessen Knecht, der seines
Herren Kunst nicht genug preisen kann. Alsobald läßt sich
ein Alter Narr, der keine Kinder hat, bewegen, sich drei
Narren gießen zu lassen, damit sein Geschlecht nicht aus-

---

1) Die Beziehungen auf das Narrenschiff gibt Zarncke S. CXXVI an.

sterbe. Der Meister geht sogleich ans Werk: „In aller narren Namen!" — „Hilf lieber Herr sant Grobian!" ruft er — und die Narren sind gegossen. Wolle der Alte noch mehr haben, so solle er nur wieder kommen:

> „Wir machen in einem tag
> Mer dann ein wagen führen mag."

Nun sendet der Alte zwei seiner Söhne aus in die Welt um Narren aufzusuchen, nachdem er sie unterwiesen, welche dafür zu halten seien. Der älteste der beiden ruft bei dieser Aufzählung verwundert aus:

> „Vater, wann diß als Narren sind,
> Wie du vns dann hie hast verfünd,
> So sind vil Narren vndern leüten, .
> Ja mer dann jetzt her Adams Zehten."

Eine „Nehterin" (Näherin) tritt nun auf, um für die sofort erscheinenden Narren Kappen in Bereitschaft zu halten. Es kommen nacheinander: Der Buler, der Trinker, der Spieler, der Alchimist, der Handwerksmann, der Bergherr, der Schatzgräber, der Waidmann, der Astronom, der Schütz, der Hoffärtig, der Wanderer, der Kriegsmann, der Gotteslästerer.

Die Näherin erklärt warum der Buler den Vortanz habe, denn, sagt sie von der Bulschaft:

> „Das ist das kreftigst Narren kraut,
> Die kappen klebt lang an der haut."

Wie nun Einer der genannten Narren auftritt, so beginnt er damit den vorhergehenden auszuschimpfen, ihm seine Narrheit und Sünde vorzuhalten und ihm anzurathen sich mit einer Narrenkappe zu versehen. Der zuletzt gegossene Narr hält nun eine lange Rede über die Allgemeinheit und Verschiedenartigkeit der Narren. Näherin und Magd beklagen sich: jene, daß sie alles Tuch aufbrauche; diese, daß sie für das Annähen der Schellen kein Trinkgeld erhalten habe. Der alte Narr, der Meister und der Knecht scherzen noch zum Schlusse über die Menge der Narren und die Größe ihres Ordens[1]).

Gut dargestellt, mag das Stück, das ganz im Geiste und in der Auffassungsweise der Zeit geschrieben ist, die Lachmuskeln der alten Colmarer Bürger und Bürgerinnen oft tüchtig in Bewegung gesetzt haben.

5. Jörg Wickrams vorzüglichste Schriften: Fortsetzung.

2) Der treue Eckart.

Ernstern Inhaltes als das Narrengießen ist:

»Ein hübsch new Faßnacht Spil auß heylger Biblischer »gschrifft gezogen, der Trew Eckart[2]) genant, darin alle »Stend der Welt begriffen werden, mit schönen Figuren »angezeigt. Der Trew Eckart heyß ich—Jörg Wickram »von Colmar macht mich.« Am Schlusse steht: Getruckt zuo Straßburg bey Jacob Frölich, im iar 1538, 94 Seiten klein 8. Auf der ersten Seite des letzten Blattes steht das Wappen der Stadt Colmar.

Ein Exemplar dieses äußerst seltenen Büchleins befindet sich auf der kaiserlichen Bibliothek zu Paris. Es stammt aus dem Nachlasse des Herrn von Soleinne und wurde

1) Zarncke, a. a. O.
2) S. oben S. 116.

im Jahr 1845 mit 80 Franken[1]) ersteigert. Hr. Hugot, der vor kurzem verstorbene eifrige Stadtbibliothekar von Colmar, der eigens nach Paris gereist war um das Büch-lein zu erstehen, nahm davon eine getreue Abschrift, nach welcher unser Freund D. Heinrich Kienlen in den Elsäss-schen Neujahrsblättern, eine kurze Analyse und Charakteristik des Stückes mittheilte.

Der treue Eckart, an den Goethe wieder in seiner bekannten lieblichen Ballade erinnerte, ist, wie Grimm[2]) sagt, "eine Gestalt aus dem Kreise altdeutscher Helden", und erscheint als Hüter vor dem Venusberge, den die norddeutsche Volkssage nach Thüringen verlegt[3]); die rhei-nische aber nach dem Eckartsberge, bei Alt-Breisach. In seinem Glossar nennt ihn Scherz einen elsässischen Helden: Eckart, heros alsaticus qui occasionem dedit proverbio: „Der treu Eckart warnt jedermann."

Als Warnender zieht Eckart auch der wilden Jagd oder dem Wuotansheere (aus welchem „das Wüthenheer" gemacht wurde), voran. Unser trefflicher zu frühe geschiede-ner Ludwig Schneegans hat über die Erscheinung desselben im Breisgau und im Elsaß[4]), zwei Stellen aus den hand-schriftlichen Chroniken der Straßburger Trausch und Wen-der ausgezogen; die des erstern lautet also: „Disses Jahr "(1516) nit allein, sondern auch veil (viel) Jahr her hatte

1) Die, damals königliche, Bibliothek wollte sogar bis auf 130 Franken dafür gehn.

2) Deutsche Mythologie, S. 887.

3) Deutsche Sagen der Gebrüder Grimm. Nr. 403.

4) Zu Straßburg soll es über die Weißenthurmstraße bis ins Finkweiler hingezogen sein. S. meine Sagen des Elsasses, S. 433 u. f.

»man ihn (in) allen Landten infonder ihm Elſaſſ, Brißgaw
»vnbt anders wo das Wüetten-Hör genandt, nit allein'
»bey Nacht, ſondern auch am Tag, ihn Wälbten und Ber-
»gen gehört. Bey Nacht lieffen ſie mit Drummen vnbt
»Pfeiffen vber die Felbter, auch durch die Statt mit groſſem
»Geſchrey, mit Liechtern. Solche Geſpenſt liefen etwan 50,
»80, auch offt 100 vnbt 200 miteinander. Der Ein drug
»den Kopff, der Anber baß Kröß ihn Händen, etwann ein
»Arm ober Schenckel, wie ſie im Krieg wahren umb kom-
»men.... Es lieff alwegen Einer vorauß, der
»ſchreye ſtetzs: abweg, abweg, das Niemants nichts
»ſchähe!.....¹)«

Jörg Wickram, dem dieſe Sage wohl bekannt war,
wählte nun Eckart in ſeinem Faſtnachtſpiele ebenfalls zum
Warner für die Thorheiten und Gebrechen ſeiner Zeitgenoſſen. Er läßt deſſen Auftreten von dem im Eingange der
meiſten ſeiner Stücke immer erſcheinenben Herolbe alſo
verkündigen:

»Nun hörenb zu vor allen Dingen,
Ir werbt jetz ſehen kummen her
Den treweu Eckart mit ſeiner Leer.
Ein jebem er ba ſagen würt
Was im zu thun vnb laſſen bürt.«

Ferner ſagt der Herolb:

»Kein Stand auch mer ſein Weſen fürt
Als ihm von Gott vnb Recht gebürt,
Er ſey Babſt, Keyſer, König, Freyen,
Auch Nunnen, Pfaffen, Münch vnb Leyen«...

¹) Bergl. Kuhns Weſtfäliſche Sagen, S. 360: „Aus'm Weg,
aus'm Weg, baß Riemanb was geſcheh!"

Der Zusatz auf dem Titel des Stückes, daß es „auß Heyliger Biblischer geschrifft gezogen«, findet seine Rechtfertigung darin, daß der Herold nun nach und nach eine lange Reihe von Helden des alten Testamentes, von Adam an bis zu Baruch aufzählt, die alle „gerecht vor Gott« gelebt haben und mit welchen die nun nach und nach im Stücke vorkommenden Personen im grellsten Widerspruche stehn.

Der treue Eckart tritt sodann auf und hält Musterschau in allen Altern und Ständen. Jeder erzählt seine Lebensweise und rühmt sich ihrer. Es erscheinen der Reihe nach: Der alte Mann, das Kind, der Vatter, der Pfaff, der Edelmann, der Rhats Herr, der Herren Knecht, der Handtwerdsmann, der Eebrecher, der Spyler, der Sauffer, der Landtsknecht, der Bawr, der Bettler, der Jud, der Gotteslesterer. Sie alle werden vom treuen Eckart mit Bezug auf biblische Begebenheiten und Aussprüche gewarnt; keiner aber schenkt ihm Gehör, sondern getröstet oder rühmt sich seiner Thorheit und gibt gewöhnlich beim Fortgehn den Bescheid:

> »Will auch keyn ander Handtwerck leren,
> Darum magst du wol fürbaß keren.«

Eckart aber, der schon von dem zuerst auftretenden „alten Manne" also abgewiesen worden, verliert weder Muth noch Gebuld, sein Warneramt treulich zu erfüllen; er sagt:

> »Ich will nit underwegen lon
> Vnd will von eym zum andern gon.«

Dem plötzlich vor ihm erscheinenden Tode ruft der junge
Edelmann abwehrend zu:

„O Todt du wilt mir thun gewalt
Du kommeſt mir noch viel zu baldt,
Darzu bin ich gerüſtet nit."

Der Tod aber, der ihm ſeine Narrheiten und Sünden
und deren verderbliche Folgen nacheinander vorgehalten,
iſt unerbittlich; er ſagt zu ihm:

„Darum gib dich ganz willig drein
Hyemit brich ich das Leben dein."

Am Schluſſe erſcheint der Herold wieder und ſpricht den
Epilog, der mit folgenden Worten endigt:

„Das wir ſolnd waren Rewen han
Vmb vnſer Sünd vnd Miſſethat,
Damit vns Gott ſein milte Gnad
Mit theylen thu auf diſſer Erden,
Der helff das wir ſeyn theilhaft werden,
Damit geeret werd ſein Nam
Dieß wünſcht von Colmar Jörg Wickram."

Dieſe Weiſe mit einem Wunſche und Nennung ſeines
Namens zu ſchließen, hat unſer Colmarer Meiſterſänger
bekanntlich mit Hans Sachs, dem Meiſterſängermeiſter,
gemein; ſo endigt dieſer z. B. den ſchönen Lobſpruch auf
ſeine Vaterſtadt mit den Worten:

„Gott geb noch lang mit Einigkeit
Auff das ſein lob grün, blü und wachs,
Das wünſcht von Nürnberg Hans Sachs."

Die Art wie unſer Wickram ſeine Perſonen auftreten
läßt, des treuen Eckarts vergebliche Warnung und die

Antwort des Gewarnten, geschieht beinahe immer auf ähnliche Weise. Als Beispiel davon, das auch des Verfassers Sprache und Darstellung besser beurkunden kann, als einzelne Reime, mag das Zwiegespräch des Spielers mit Eckart schließlich dienen:

Der Spyler spricht zum Eckart.

Eckart ich muß dich warlich fragen:
Was kanst du böß von Spylern sagen?
Spyl liebt von ganzem herzen mir,
Wie ichs dar wil erzalen dir.
Mit würflen vnd mit kartenspyl
Halt ich des jars der Schantzen ¹) vyl;
Wann ich eins verleür, gewinn ich zwey.
Der Spyl kann ich auch mancherley:
Ich flüß, ich bock, ich trumpff oder rausch,
Karnöffel, merffil, heimlich rausch, ²)
Mit würfflen ich auch paß und gantz,
Des besten grab vnd auch mummschantz ³)
Die alle treib ich spat und fru;
Ich sitz, ich stand, hab ich keyn rhu,
So ist mir zeit und weil so lang,
Bei schönen frawen noch beym wein
Bin ich keyn Stund so gern gesein,
Wann einer kam wolt mit mir spylen
Von stund an ward ich im zu willen;

¹) Eigentlich Wurf mit Würfeln, sodann Glücksfall im Spiel überhaupt; franz. chance, von cheoir, cadere.
²) Beliebte Kartenspiele jener Zeit, die auch in Geilers Schriften genannt werden.
³) Mummschantz schlagen geschah gewöhnlich zur Faßnacht und bestand darin, daß man vermummt, verlarvt mit Würfeln spielte. Mummschantz bedeutet sodann auch Maskerade.

Zu ſpyl ich ylends fürder mich,
Keyn Ding auff erd hab lieber ich,
Spyl liebet mir ob allen dingen,
Durch ſpyl ich gelt kan zwegen ¹) bringen.
O Spyl, du biſt mein troſt auf Erdt,
Spyl dein allzeit mein herz begert!
Wo Spyl nit iſt, hab ich kein freüd,
Hyemit haſt du ganz mein beſcheyd.

Der Eckart antwurt dem Spyler.

Was urſacht dich, das hort ich gern,
Das du ſo emſſig thuſt begern
Dein nebenmenſchen gut und hab,
Im ynderstaft ²) zu gewinnen ab
Und weyßſt das Gott verbieten thut:
Mit beger deins nebenmenſchen gut;
Doch nimpt mich noch vil größer wunder
Ich glaubt du künſt ein kunſt beſunder
Das du gewinneſt alle Spyl,
Solch ich gern von dir hören wil.

Der Spyler antwurt dem Eckart.

Nach deinem dorechten fragen
Wil ich dir bhend ein antwurt ſagen:
Wann einer tag und nacht verthut
Und von im ſelber hat keyn gut,
Muß er im ye darumb betrachten
Im ſelbs an Gelt und zerung achten,
Wann einer ſtilt, henck man jn drumb,
Darumb ichs mit Spylen überkumm;
Doch ſag ich dir zu diſer Stundt
Ee dann ich falſches ſpylen kundt

¹) Zuwege.
²) Unterſtehſt.

Kundt ich gewinnen gar keyn Schantz,
Der Vnfal thet mich reiten gantz,
Ich thet dick¹) in verzweiflung kummen,
Het gwelt der Teüfel eingenummen
Der mir das mein thet gwinnen ab:
Seyd ich jetz aber glernet hab,
Fach ich erst dapffer spylen an,
Ein Setz²) ich allzeit werffen kan,
Laufft anber mit, so han ich zwölff.
Doch klag ich mich das so bil wölff
Jetzt allenthalben seind im Land,
Das macht falsch spylen ist keyn Schand,
Falsch spylen ist auch nymme sünd,
Es kunnends yetzt die kleynen kind.
Mit karten dreib ich auch ein list,
Ich lug das ich allzeit binn grüst,
Mit falschen Würfflen vnd mit karten.
Meinr zeit kan ich auch wol gewarten,
Sobald es mich bedunckt zeit
Vnd mans einmal, fünff, sechß gebeut
Da einer nimm will wesen frisch,
So greiff ich heymlich vndern tisch
Vnd zeüch mein kart heymlich herfür,
Als wann mans vor hät geben mir.
Welcher solcher bschiß nit kan
Der darff sich glat³) nit nemen an
Da er etwas gewinnen well,
Al was er spylt ist vngefell.
Das ist mein allerbeste kunst,
Keyn handtwerk ich mag treiben sunst,
Will auch keyn ander handtwerk leren
Dirumb magst du wol fürbaß keren.

¹) Oft.. — ²) Sechs.
³) gar, burchus.

6. Jörg Wickrams vorzüglichste Schriften; Fortsetzung.

3) Das Rollwagenbüchlein.

Zwischen den treuen Eckart und das Rollwagenbüchlein, fallen mehrere andere Schriften Wickrams, wie das Glücks-rad oder weltlich Loßbuch, das Spiel, „Tobias ge-nannt", der Jungen Knaben Spiegel u. a., die wir hier nicht näher besprechen wollen.

Es soll nun die Rede sein vom Rollwagenbüchlein, dessen Titel so bezeichnend ist, daß ich ihn in seinem vollständi-gen Wortlaute folgen lasse:

„Das Rollwagen büchlin. Ein neüws, vor vnır-
„hörts Büchlein, darinn vil guoter schwenk vnd Historien
„begriffen werden, so man in schiffen vnd auff den roll-
„wegen, deßgleichen in scherheyseren vnd badstuben, zuo
„langweiligen zeiten erzellen mag, die schweren Melanco-
„lischen gemüter damit zuo ermünderen, vor aller menigk-
„lich Jungen vnd Alten sunder allen anstoß zuo lesen vnd
„zuo hören, Allen Kauffleüten so die Messen hin vnd wider
„brauchen, zuo einer kurtzweil an tag bracht vnd zuosamen
„gelesen durch Jörg Wickrammen, Stattschreiber
„zuo Burckhaim, Anno 1555" [1].

Der Haupttitel: „Das Rollwagen büchlin" ist roth gedruckt; den untern Theil der Seite nimmt ein zieblicher Holzschnitt ein, der einen Rollwagen vorstellt, dessen Lein-wanddecke, linker Hand etwas von den sie haltenden Rei-fen abgestreift ist: denn die mit Laub versehenen Bäume, die Gräser und Kräuter der Erde, so wie die Vögel oben

[1] Es ist in der Schrift selbst weder der Name des Buchdruckers noch derjenige des Ortes, wo sie erschien, angegeben; sie hat 62 Blätter oder 124 Seiten, 8.

im Luftraume, zeigen an daß es Frühling oder Sommer im
Lande ist. Der Fuhrmann, zu Pferde, in altelsässischer
Bauerntracht, schwingt die Peitsche über seine vier statt-
lichen Gäulen, die den Wagen bergauf ziehen; zwei Personen sitzen im Innern, gegen vorn gekehrt, neben und vor
Waarenballen die den ganzen übrigen Raum einnehmen;
auf einem Außensitze, zur linken Seite, haben zwei Männer,
der eine mit starkem Barte versehn, Platz genommen; sie
scheinen in traulichem Zwiegespräche begriffen, das man,
wahrscheinlich die wickrammische Ausdrucksweise darin fin-
dend, gern belauschen möchte.

Heinrich Kurz hat die eben besprochene Ausgabe erneu-
ert; er gibt deren überhaupt 10 an, worunter die, ohne
Jahrzahl in Mülhausen erschienene für uns von doppeltem
Interesse ist. Sie ist betitelt:

„Rollwagen. Ein neuws büchlein, darinn vil guoter
„schwänck vnd Historien begriffen werden, so man in schif-
„fen vnd auff den Rollwägen, deßgleychen in scherheüsern
„vnd badstuben zuo langweyligen zeyten erzelen mag, sampt
„einem kurtzen Register. Jetz widerumb von neüem ge-
„truckt, gemeeret vnd gebessert. Durch Jörg Wickram-
„men, Stattschreiber zuo Burckhaim.“ Darunter
steht ein Holzschnitt. Auf Blatt 1, b kömmt „Der Jungk-
„frauwen gloß über den Rollwagen“; der Holzschnitt
stellt drei Weiber vor, die um einen Brunnen stehen und
miteinander plaudern; dann kommen folgende Reime:

„Gspilen mein, ich muoß euch sagen
Es ist nit lang, vor wenig tagen,
Da hab ich ein nüws büchlein gsäen,
Der Rollwagen thuot man jn jähen,
Darinnen stehn gar seltzan schwenk.

Wenn ich aber daran gedenk,
Wie wir offt treyben bey dem brunnen
Gar seltzam zotten an der Sunnen,
So mags doch vnsern nit zu thon.
Thett etwan einer darhinder ston,
Ja wenn wir thuon einander speißen,
Er dörfft vor fröuden in d'hosen ......"

Am Schluß, Blatt 100 a steht "Getrückt zuo Mül=
husen im oberen Elsaß, durch Hans Schirenbrand vnd Peter
Schmid." Auf der Rückseite, Bl. 100 b, befindet sich ein
Holzschnitt: Rechts, ein Mann mit einem Katzenkopf und
einer herabhängenden Narrenkappe, sitzt auf einem Baum=
stumpf und besieht sich in einem Spiegel, den er in der
linken Hand hält, während er die rechte voll Verwunde=
rung aufhebt. Ihm gegenüber sitzt auf einer Bank ein an=
derer Mann, der auf einem Dudelsack spielt [1]).
Beigedruckt, ebenfalls von Schirenbrand und Schmid ist:
"Der ander Teil des Rollwagens Oder Gartengesell=
schafft. Durch Jacob Freyen," von dem bereits oben die
Rede war.
Die von Heinrich Kurz erneuerte Ausgabe, die bestimmt
durch Jörg Wickram selbst besorgt wurde, ist die von 1555,
deren vollständiger Titel oben S. 24 mitgetheilt worden;
sie enthält 77 Stücke; die spätern sind nach und nach ver=
mehrt worden; die vollständigste, die 1565, nach Wickrams
Tode, zu Frankfurt a. M. erschien, enthält 111 Erzählun=
gen. In einem Anhange hat Kurz, die in der ersten Aus=
gabe fehlenden Stücke folgen lassen, so daß sein Buch alle
111 Erzählungen begreift. Manche dieser also hinzugekom=

---

[1]) S. H. Kurz, XIX — XXII. Ein Exemplar dieser höchst seltenen
Ausgabe befindet sich auf der königlichen Bibliothek zu Berlin.

menen Stücke sind nicht von Wickram selbst, sondern
von den spätern Herausgebern in das zu seiner Zeit all-
verbreitete und beliebte Volksbuch aufgenommen worden,
ein Verfahren das damals bei ähnlichen Lieblingsbüchern,
durch Vermehrung, oder auch durch Weglassung von Nummern der ersten Ausgaben, oft geübt wurde. Kein Buch
erfuhr dieß z. B. mehr als Pauli's Schimpf und Ernst.

Jörg Wickrams Erzählungen im Rollwagenbüchlein sind
wohl zur Mehrzahl, wie dieß noch jetzt bei unsern Kalen-
derschwänken der Fall ist, auf wirkliche Begebnisse gegründet, zuerst mündlich mitgetheilt, sodann aufgeschrieben
worden; andere sind französischen oder italienischen Sammlungen entnommen: so hat er den Schwank „Einer leibt
mit seiner Frauwen lieb vnd leibt", den auch die Brüder
Grimm in ihre Märchen eingereiht, wahrscheinlich dem
Maistre Pathelin (1467—1470) oder auch der Paraphrasis
entlehnt, die Reuchlin 1497 zu Heidelberg durch seine Schüler aufführen ließ [1]).

Die Orte, wo die Begebenheiten vorgefallen, sind nicht
immer angegeben, manchmal sagt der Verfasser blos „in
einem Dorffe, in einem Flecken, in einem Stettlin"; andere
male nennt er das Land: „in der Schweiß, in Italien, in
Luttringen, im Elseß (sic), im Kochersperg, im Breisgau, im
Schwarzwald" u. s. w.; zuweilen gibt er aber auch die
Ortsnamen an, so für's Elsaß: „Colmar, Keysersberg,
Reichenweiher, Hunaweiher, Anselsheim (d. i. Andolsheim
bei Colmar), Schlettstadt, St. Veiten bei Zabern".

Die Sprache ist die oberdeutsche, wie sie sich damals in

---

[1]) Diese Bemerkung verdanke ich meinem ehemaligen lieben Schüler,
jetzigen Kollegen und Freunde, Prof. Jos. Coudre, archiviste pa-
léographe.

der elfäffischen Mundart ausprägte, welche die Gebildeten
des Bürgerstandes übten; oft gebraucht er jedoch auch volks-
thümliche Ausdrücke und Redensarten, die zum Theil noch
jetzt erhalten sind.

Schreibart und Darstellung sind einfach, jene oft etwas
vernachläffigt und unklar; diese meistens kurz und bündig,
die Thatsachen ohne Schmuck vorführend. Nur in einigen
wenigen Stücken führt er die Scenen weiter aus und
offenbart darin ein wirklich liebenswürdiges Erzähler-
talent: so im ersten der Sammlung "Wie ein guot frumm
mann am Kochersperg einem guoten einfaltigen im Wal-
fart verbinget, zuo Sant Veiten zuo wallen"; — "Von
einem groffen Marterhanffen, wie er in einen Gerner oder
Beinhauß gefallen ist"; — "Von einem armen ſtubenten,
so auß dem Parabyß kam, vnd einer reychen beurin", und
in einigen andern.

Wickram liebt es, als zu eifriger Proteſtant, Pfaffen und
Mönchsgeſchichten zu erzählen; gerne geißelt er grobe
Bauern und Landsknechte und ſchont auch des Abels nicht.
Zur Sittengeſchichte des 16. Jahrhunderts liefert er manchen nützlichen und anziehenden Beitrag. Beklagt er ſich
aber in der Vorrede „Zuom guetigen Leſer" über ſolche
welche „ſchampere vnd ſchandtliche wort reden," die nicht
bedenken, „daß züchtige, erbare weiber, ja auch Jungfrau-
wen auff wagen oder zu ſchiff faren, deren man wenig
ſchonen thut", ſo ſtellt er ſelbſt ſeinen moraliſchen Ton-
meſſer nicht ſehr hoch. Ich weiß nicht wie züchtig und
erbar Weiber oder Jungfrauen jener Zeit geweſen ſein
müſſen, die Geſchichten anhören konnten wie z. B. die in
den Nummern 4, 6, 20, 25, 37, 40, 45, 72 und einigen
andern. Den Maßſtab des heutigen Sittlichkeits- und

Schönheitsgefühls darf man hier nicht anlegen; es war jene Zeit eben eine aufgeregte, derbe Zeit, voller Widersprüche, in welcher auch die Parteien einander schroff gegenüber standen und in ihrer Polemik oft Wortunflat zu Waffen nahmen. Diese Flecken abgerechnet, die sich übrigens beinahe alle Volksschriftsteller jener Epoche, Geistliche wie Weltliche, zu Schulden kommen lassen, zeigt sich Wickram als einen wackern, Ehre und Gerechtigkeit liebenden, gesund urtheilenden Biedermann, der sich jedoch als eigenschöpferisch auf keine bedeutende Höhe zu schwingen vermochte.

So viel im Allgemeinen über sein Rollwagenbüchlein. Für die Besitzer der neuen von H. Kurz mit so vielem Geschmack, Takt und Gelehrsamkeit behandelten Ausgabe, die in keiner elsässischen Büchersammlung fehlen sollte, erlaube ich mir einige vom Herausgeber in den Anmerkungen in Frage gestellte Punkte zu beantworten, einige andere zu ergänzen oder zu berichtigen zu suchen, wodurch dem löblichen Beginnen des trefflichen Literaturhistorikers keineswegs Gefährde geschehn wird. Ich will dabei die Reihe der Seitenzahlen und der darauf bezüglichen Anmerkungen befolgen.

Am Schlusse der Widmung an den „ersammen fürnemmen vnd achtbaren Martin Neuen, Burger vnnd Wirdt „zuo der Bluomen zuo Colmar", S. 4, steht:

„Datum Burckhaim auff Marie daß neüw Jar nach „der geburt vnsers Säligmachers 1555 Jar."

Dieser Tag ist nicht sowohl Maria Verkündigung, 25. März, wie Kurz vermuthet, (Anmerk. S. 196) als Maria Reinigung oder Lichtmeß, nemlich das erste der vier Haupt-Marienfeste im neuen Jahre, 2. Hornung. Eine von Scherz (Glossar fol. 443) aus dem Protocollum S. Marci

Argentoratensis [1]) vom Jahr 1433, angeführte Stelle lautet: „Unb gont die jor an uf V. F. tag [2]) der Lichtmeſſe."
Der Druckort der unächten Oktav-Ausgabe von Pauli's
„Schimpf und Ernſt", vom Jahr 1567, wovon ich ein voll-
ſtändiges Exemplar beſitze und in welcher Bl. 158 u. f. ein
Schwank von Wickram [3]) wörtlich abgedruckt, iſt „Franck-
furt am Mayn"; die Buchdrucker ſind : „Thomas Rebarth,
vnnb Weigand Hanen Erben."
S. 66 ; Anmerk. S. 206. Oſtcoten, wie es auf dem
Titel der 41ſten Geſchichte ſteht oder Oſtgoten, Oſtgott
ſind Hoſtien, die ja in ältern Zeiten vielfach in Klöſtern
gebacken wurden; Oſt iſt vermuthlich Abkürzung von Oſter,
Oſtern, auf welche Zeit die Haupt-Communion des Jahres
fällt. In den Schriftſtellern des 15. und 16. Jahrhunderts
ſteht dafür gewöhnlich Oflaten. An eigentliche „Chriſtus-
bilder" darf nicht gedacht werden; wozu 200 Stücke? Auch
ſagt der Pfarrherr, ſie giengen alle in „eine kleine Büchſe".
S. 81 ; Anmerk. S. 208. Wych iſt das früher zum Hoch-
ſtift Straßburg gehörige Dorf Wich, Wiche, im ehemaligen Amt und Thal Schirmeck und Mutzig, jetzt im départe-
ment des Vosges, Bezirk St. Dié, gelegen. In einer
Urkunde aus dem 14. Jahrhunderte heißt es Wichahe [4]).
S. 88 ; Anmerk. S. 209. Die Ausdrücke : „den Judas
über den Zaun jagen", — „leiden gleich wie Judas in der finſtern metten", beziehen ſich auf die in
manchen Gegenden des Elſaſſes (ich weiß nicht ob noch

---

1) St. Marr, in Straßburg.
2) Unſrer Frauen Tag.
3) In der Ausgabe von 1555, ſteht derſelbe S. 7.
4) *Schœpflin-Ravenez*, IV, 347.

jetzt) übliche finstere oder **Finstermette**[1]), bei Fischart
u. A. **rumpelmetten**[2]), in Baiern **Pumpermetten**
genannt, die, wie Schmeller[3]) bemerkt, „jetzt an den Vor-
„abenden des Donnerstags, Freytags und Samstags der
„Charwoche statt hat, ursprünglich aber in den horae matu-
„tinae gehalten zu werden pflegte,“ und die er also be-
schreibt: „Nach jedem Psalme, der abgesungen ist, wird
„immer eine von 15 an einem dreyeckigten Gestelle (ital.
„la saetta) aufgesteckten Kerzen ausgelöscht. Ehmals sollen
„hierauf die Kirchgänger mit Stöcken, Hämmern, Steinen
„u. a. an die Bänke und Wände geschlagen, und dieser
„Lärm soll dem Verräther Judas gegolten haben. Heut-
„zutage scheint der Meßmer mit seiner Rätschen in diesem
„Punkte die ganze Gemeinde vertreten zu wollen.“ In
manchen Ortschaften des Elsaßes, z. B. in Saußheim,
sammelt man am Vorabend des Charfreitags die alten
hölzernen Kreuze von den Gräbern, um sie auf dem Kirchhofe zu verbrennen, und mit ihnen den Juden oder Judas, der Christum verrathen. Der Ausdruck Wickrams
„den Juden über den Zaun jagen“, bezieht sich, da
dieser Jude oder Judas in der Meinung des Volkes
mit dem Holze verbrannt wird, vielleicht auf den auf-
steigenden und über die Mauer oder den Zaun des
Kirchhofs fliegenden Rauch. Ueber das Judasfeuer, in
Oberbaiern, gibt Panzer in seinen „Beiträgen zur deutschen Mythologie“ (B. I, S. 242 u. 243) ähnliche und sehr
interessante Mittheilungen.

S. 148; Anmerk. 214. Zu: „ein Benedisch sipplin“,

1) Scherz, Gloss. fol. 593.
2) Ebend. fol. 1333.
3) Baier. Wörterb. II, S. 649.

eine vergiftete Suppe, kann Geiler's Ausdruck „Einem ein welsch Sipplin zu essen zu geben", gestellt werden. S. 154; Anmerk. S. 214. Anselsheim, ist Anbols= heim, bei Colmar; in ältester Benennung Anholzheim, 803; später, bis ins 18. Jahrhundert Ansolsheim und Andelsheim; jetzt volksthümlich Anbelse. S. 158; Anmerk. S. 158. Geiler, genannt von Kaisers= berg, ist nicht in dieser Stadt, sondern in Schaffhausen geboren [1]).

S. 215 der Anmerkungen, ist der bekannte Denkvers

> „Drei Schlösser auf einem Berg,
> Drei Kirchen auf einem Kirchhof,
> Drei Städte in einem Thal, ..."

zu ergänzen mit:

> „Drey Offen in einem Sahl' [2]),"

nemlich im alten Schloßsaale des Städtchens Rappolts= weiler.

Die S. 179 mitgetheilte Geschichte „Von einem armen Studenten, so auß dem Paradyß kam, vnd einer reychen beürin", die in viele deutsche Märchensammlungen über= gegangen, ist im Elsaß, mit einigen Varianten, ebenfalls vielfach bekannt.

Um mit Wickram's Darstellungsweise genauer bekannt zu machen, mögen nun sechs Stücklein aus dem Roll= wagenbüchlein, zur Ergötzung des Lesers folgen. Die

---

1) S. meine Schrift: „Zur Geschichte des Volksaberglaubens im Anfang des 16. Jahrhunderts, nach Geilers Emeis," Basel 1856, S. 81 u. f.

2) S. Crusius, Eucomium domus Rupisspolet, citirt von J. H. Helz in der Alsatia 1856—1857, S. 5.

Schreibart des Verfassers, die leichtverständlich ist, soll bei=
behalten werden:

1. Von eim, der dem andern halff sein Armuot essen [1]).

Ein guoter Junger gesell zoch in den krieg, verhofft auch
einsmals reych zuo werden; vnd wie aber der krieg nit lang
wäret, sunder, wie man sagt, ein loch gewan [2]) vnd die
knecht geurlaubt wurden, alß dann offt geschicht, das jren
vil on gelt wider heim geschickt werden, also geschach disem
guoten Bruober auch. Vnd wie er also biß heim garden [3])
oder bettlen muost, kame er für eines Bauren hauß, der
saß eben über tisch vnd asse mit seim gesind vnnd kinden
zuo morgen. Also klopfft im der krieger an dem fenster
vnd begert ein zerpfennig [4]), auff das er mit eeren möcht
weiter kummen. Der Baur sprach: „Fürwar, mein guot
gesell, ich hab nit vil zerpfennig heinweg [5]) zuo schencken;
daß gelt ist inn meinem hauß fast theür; wilt du aber ver=
guot [6]) han, so kum herein vnd iß mit mir, so guot ichs
hab, so wil ich mein Armuot, die mir Gott beschert hatt,
mitt dir theilen." Der krieger hatt seer grossen hunger
vnnd war fro, das er zuo essen kam, setzt sich an den tisch
vnnd fraß die Armuot allein schier gar. Alß er aber gessen
vnd schier ein haffen [7]) mit milch auß getruncken hett, dann
da war nit vil wein, sagt er dem Bauren grossen danck
vnd zoch also daruon; vnd alß er auff die straß kame, ge=
dacht er erst den worten nach, das jn der baur über sein

---

1) Die Worterklärungen sind im Allgemeinen von H. Kurz.
2) zu Ende ging. 3) herumvagieren und betteln 4) Zehrpfennig.
5) hinweg. 6) dich begnügen. 7) Hafen, Topf.   5

Armuot gelaben hett vnd sy im so wol hatt geschmeckt, vnd ward in jm selbs lachen vnnd sprach: „Ich besorg [1]), ich werde lang an diser malzeit müssen theüwen" [2]). Also wann er darnach überlang [3]) gefragt warbe, wie es keme, das er nit einmal reich wurde, gab er allweg zuo antwort, er hette eim Bauren sein Armuot geholffen essen, da hette er noch an [4]) zuo teüwen [5]); wann die verteüwt wäre, so hofft er, darnoch [6]) reich zuo werden.

2. Von einem, der ein fürsprechen vber listet, vnd hatt jn der fürsprech das selbs gelert.

Einer ward vor dem gericht vmb ein sach angesprochen, des er sich wol versach, er wurde on gelt nicht daruon [7]) komen. Das klagt er einem fürsprechen oder redner; der sprach zuo jm: „Ich will dir zuosagen auß der sach zuo helffen vnnd on allen kosten vnnd schaden daruon brin- gen, so ferne du mir wilt vier gulden zuo lon für mein arbeit geben. Diser war zuo friden vnd versprach jm, die vier gulden, so verne er jm auß der sach hulffe [8]), zuo geben. Also gab er jm den radt, wann er mit jm für das gericht keme, so solt er kein ander antwort geben, Gob geb, was man jn fragt oder schalt [9]), dann das einig wort: blee. Do sie nun für das gericht kamen, vnnd vil auff bisen ge- klagt [10]) ward, kunt man kein ander wort auß jm bringen dann blee. Also lachten die Herren vnd sagten zuo seinem fürsprechen: „Was wölt jr von seinetwegen antworten?" Sprach der fürsprech: „Ich kan nichts für jn reden, dann er ist ein Narr vnd kan mich auch nichts berichten, das ich

[1]) fürchte [2]) verdauen. [3]) nach langer Zeit, später. [4]) daran.
[5]) verdauen. [6]) darnach. [7]) davon. [8]) helfen. [9]) schelte. [10]) gegen
diesen geklagt.

reben fol; es ist nichts mit jm anzuofahen; er fol billich
für einen Narren gehalten vnd ledig gelaffen werden. Also
wurden die Herrn zuo rath vnd liessen jn ledig. Darnach
hiesch[1] jm der fürsprech die vier gulden. Do sprach diser:
„Blee". Der fürsprech sprach: „Du wirst mir das nit abb-
lehen[2]; ich will mein gelt haben," vnnd boot jm für das
gericht. Vnd als sie beide vor dem gericht stunden, sagt
dieser alweg: „Blee". Do sprachen die Herrn zum fürsprechen: „Was macht jr mit dem Narren? wist[3] jr nit, das
er nit reden kan?" Also muost der redner das wort Blee
für seine vier gulben zuolon han, vnd traff vntrew[4] jren
eygen Herrn.

3. Von einem grossen Marterhanssen[5], wie er
in einen Gerner[6] oder Beinhauß
gefallen ist.

Man findt noch auf disen heutigen tag semlich[7] groß
Marterhanssen und eysenbeisser[8], thuond dergleichen, als
wolten sy allen menschen in einem streich die Oren ab-
schlagen, so gar böß sind sy; solt aber einer deß nachts
über einen Kirchhoff gon, er suocht ehe ein fiertel meil wegs
vmb[9]. Also was auch ein mal ein Federschwinger[10], der
truog den Huot voller Straußfederen, aber ein Hasenbalg
zuo einem brusttuoch. Auff ein Zeit was er auß einem
speck krieg[11] wider zuoland[12] kummen; wo er zuoleüten
kam, sagt er von grawsammen schwertschlegen[13], so er voll
bracht hatt; seins bluotuergiessens was kein end zuo erzellen.

1) heischte, forderte. 2) durch dein „Blee' verlieren machen. 5)
wißt. 4) Untreue. 5) Renommisten. 6) Beinhauß. 7) solche. 8) Prahler.
9) geht er um. 10) Federträger. 11) Speckkrieg (?) 12) ins Land, nach
Haus. 13) Schwertschlägen, d. h. Schlachten.

Das war aber meines bedunkens faſt über Hüner, Gens
vnd Enten außgangen[1]). Eines tags ſaß er in ſeer groſſer
bracht[2]) bey ſeinen geſellen in einer ʒech, fieng aber von
groſſen ſtreichen an ʒuo ſagen; ʒuoleʒt wurden ſy den Boſ=
ſen mercken[3]), namens ʒuo[4]) einem bant[5]) auff. Vnder
anderen reden truog ſich ʒuo, daß ſie anfiengen ʒuo ſagen
von einem alten abgeſtorbnen[6]) Weib, wölche erſt auf den
ſelbigen abent geſtorben, vnd helt man ſy auß mangel des
tags denſelbigen abent nit vergraben könden; ſo hetten
ſy auch jr hausuolck die nacht nitt im hauß behalten wöl=
len vnnd alſo auff den Kirchhoff getragen, in einer bar[7])
in das beinhauß geſtelt, damit ſy den künfftigen tag ver=
graben wurd. Nun was jr aller weg, wann ſy auß dem
Wirßhauß heim gon wolten, hatten ſy keinen anderen weg
dann über den Kirchhoff, darumb ſy einandern faſt mitt
dem alten abgeſtorbenen Weib ſpeyen wurden[8]). Der guot
Kriegßmann vnnd maurenbrecher[9]) hett gewölt[10]), er wer
ʒehen meilwegs[11]) von dannen geweſen, dann jm war ſeer
angſt vor dem alten abgeſtorbnen Weib, die doch in jrem
leben gar kümmerlich an einem ſtecken kriechen mocht vnnd
jm nit einen finger hett mögen biegen. Die anderen guo=
ten geſellen marckten[12]) biß an jm, darumb triben ſy jr ge=
fert ye lenger ye meer für ſich, biß dem guoten Lanßknecht
anhuob die ſtirnen ʒuoſchwißen, dorfft ſich aber ſchamhal=
ben[13]) gar nit eygen[14]) noch dergleichen thuon. Zuo leßten
kam es dahin, das die anderen anfiengen ʒuo wetten, wöl=
cher ſo kün wer vnnd ʒuom erſten[15]) ſunder ein liecht auff

1) ergangen. 2) Großthuerei. 3) merkten ſie. 4) als. 5) Geſpräch?
Scherʒ? 6) verſtorbnen. 7) Bahre. 8) verſpotteten, aufʒogen.
9) Sturmbock, Renommiſt. 10) gewollt, gewünſcht. 11) Meilen Wegs.
12) merkten. 13) Schande halber. 14) ʒeigen. 15) ʒuerſt.

ben Kirchhoff gon dörft vnnd beſehen, ob das liecht ober ampel[1]) noch im beinhaus brunne[2]). Dann die ſachen waren allein dahin geſpilt[3]), daß ſy wolten ſehen, was hinder dem genßtöpffer[4]) für ein mannlich gemüt wer. Zuoletſt kam die wettung[5]) auch an jn. Er warb gar zornig, ſtuond auff von dem tiſch, mocht die grauſammen wort nit hören, er zalt die ürten, nam ſeinen mantell vnnd gieng heim zuo hauß. Nun wußt er keinen anderen weg heim zuo kummen, dann er muoſt über den Kirchhoff gon, ſunſt hett er durch einen tieffen bach müſſen watten[6]). Alſo faßt er jm eines mannes hertz vnnd mit zittern vnnd groſſem ſchrecken gieng er auff den Kirchhoff, vnd als er nahend zuo dem beinhauß kumpt, wand er ſeinen mantel vmb den kopff, ſtieß die finger in die oren, ſorgt[7]), er wurd das alt Weib hören ſchreyen, wölch in jrem leben alters halben ſtumm geweſen war. Er gieng mit gantz ſchnellen tritten fürſich, damit er bald von dem Kirchhoff keme. Als[8]) er aber nicht ſehen kund vor ſeinem mantel vnd meinet, ferr[9]) von dem beinhauß zuogon, ſo gabt er gantz dargegen vnnd trift die ſtegen, falt[10]) alſo mit ſchwä- rem[11]) fal hinab ein hohe ſteinene[12]) ſtieg[13]) ſunder alle hilff. Nun was ein geſtiel[14]) in dem Beinhauß; darinn fiel er gantz vngeſtümicklichen[15]) vnnd brach ein bein darinn ab; ſo hatt er auch den kopff vnnd angeſicht übel auf der ſtegen zerfallen. Er fieng an, gar jemmerlichen zuoſchreyen; da waß aber niemants, ſo jm helffen wolt, dann jn mocht niemand hören. Zuoletſt vmbgab jn ſemliche forcht, angſt

1) Lampe. 2) brenne. 3) geſpielt, abgekartet. 4) Gänſetödter (Renommiſt?) 5) Wette. 6) waten. 7) beſorgte, fürchtete. 8) da, weil. 9) weit, entfernt. 10) fällt. 11) ſchwer. 12) ſteinerne. 13) Treppe. 14) Stühle. 15) ſtark, ſchwer.

vnb ſchrecken, das jm bas ſchreyen auch gelag ¹), er huob
aber ggr ſchwerlich ²) an zuo ſeüffßen vnb heülen. Als
nun ſeine geſellen genuog gezecht, ſinb ſy auch zuo hauß
gangen. Als ſy nun zuo bem Beinhauß kamen, horten ſy
den armen tropffen ernſtlich ³) ſeüffßen ; ſy aber meinten
nit anders, baß bas alt Weib wer wider zuo jr ſelbs
kummen. Vnnb biewehl ſy ein liecht hatten, giengen ſy
hinab, funden alſo jren geſellen mitt zerbrochnen beinen
im geſtül ₄) liegen ; ſy trugen jn balb ⁵) in eines arßetts ⁶)
hauß, lieſſen jn verbinden. Da erzalt er ſein geſchicht nach
ber lenge ₇); alſo muoßten ſy lachen zuo ſeinem groſſen
ſchaben, ſo jm bann wiberfaren vnb zuohanden gangen ⁸)
was, vnb muoßt, wie man gemeinklich ſagt, ben ſpott zuom
ſchaben haben.

4. **Ein weib hies jren man aus bem haus be=**
leiben, bis ber ſtaub vergieng.

Ein kurßweiliger Junzermann, ſo erſt newlich in die Ehe
kummen was ; er hatt ein wittfrawen genummen, welche
vormals ein Baurs man gehabt. Diſer aber was ein maler
vnnb gar ein ſiſterlicher 9) menſch ; bie gut frauw aber hat
der Malerey gar nit gewonet 10), blib auff jrem alten ge=
brauch ; wann ſie morgens bie ſtuben ſegt ober ſchweiffet 11),
ſprißet ſie bie gar nit, Davon ſich bann ein groſſer ſtaub
erhub, welches bann bie Maler ſunderlich gern in farben
vnb an ber arbeit haub, vorab wann ſie von ölfarben
malen. Eins abents hatt ber gut man genug getruncken,
alſo bas er ben künfftigen morgen etwas lenger ſchlieff, bann

---

1) liegen blieb verging. 2) arg, ſtark. 3) arg, ſtark. 4) Stühle. 5)
ſogleich. 6) Arztes. 7) ber Länge nach, ausführlich 8) begegnet. 9)
poſſterlicher. 10) war gewohnt. 11) ausfehrt.

ſein brauch was. Als er aber ÿetz auffgeſtanden vnb ſich an-
geton [1]), weil er eÿlens vber ſein arbeit eÿlt in die ſtuben,
die hat die gut frauw allererſt gefegt vnb aber nit begoſſen,
alſo das ein groſſer ſtaub in der ſtuben was. Der mann
ward zornig, ſchalt die frawen darumb; ſie ſagt: „Kanſtu
nit ein weil hinaus ſpatzieren gon, bis der ſtaub vergadt [2])?
Der gut man faſſet die wort in ſein örlin, nam ſein
tägen [3]) vnb rock, gieng aus zu guten geſellen, fieng die ſach
wider an, da er ſie am obend [4]) geloſſen [5]) hat treib das
alſo auff acht tag. Als die verſchinen waren, nam er ein
gute Burſch mit im, fürt die mit im heim. Es waren aber
ſeine ſtub vnb ſtubenfenſter auff der erden, das man wol
hinein ſehen mocht. Als er nun für das haus kam, ſties
er mit erſt [6]) den kopff zum fenſter hinein vnb ſchreÿ:
„Fraw, iſt der ſtaub vergangen, ſo wil ich hinein kumen.‟
Antwurt das weib: „O io [7]), lieber hans (alſo was ſein
nam), er iſt gar hinweg; gang nur harein; ich wil dir
keinen ſolchen ſtaub mer machen vnb fürbas die ſtuben deſt
bas begieſſen.‟ Alſo nam er ſeine guten gſellen mit im
hinein, gab in ein trunck, vnb waren alle ſachen gericht [8]).
Darumb, ir weiber, ſind gewarnet; ir haben Rauch oder
ſtaub im haus, heiſſen darumb die mann nit hinaus gon;
Dann in ſunſt von Natur angeboren iſt, das ſie nit gern
daheimen bleiben.

5. Von einem armen ſtudenten, ſo auß dem Paradyß kam, vnb einer reÿchen beürin.

Durch ein Dorff gieng ein mal ein armer Student, welli-
cher wenig zerung [9]) im ſeckel beÿ im truog vnb aber die

---

1) angezogen. 2) vergeht. 3) Degen. 4) Abend. 5) gelaſſen.
6) zuerſt. 7) ja. 8) ausgeglichen. 9) Zehrpfennig, Reiſegeld.

füß lieber vnder dem tifch hatt, dann daß er fölt in einem
buoch ftudieren, als man deren noch viel findet. Als er
aber nun wol in das Dorff hineyn kumpt, geht er gegen
eines reychen bauren hauß, welcher nitt anheim[1]) was,
fonder inn das holtz gefaren; die frauw aber, welche vor[2])
auch einen mann gehebt[3]), fo Hans geheiffen, vnd jren vor
wenig jaren geftorben was, deßhalben yetz den anderen
mann hatt, die felbig frauw fteht in dem hof vor dem
hauß. Vnd fo fy den Studenten erficht, fpricht fy jn an,
fragt jn, wer er fey vnd von wannen er komm? Antwort
der Student: „Ich bin ein armer Student vnd komm von
Paryß." Die guot einfaltig frauw verftuonds nit recht,
vermeint, er hett gefagt, er komm auß dem Paradyß, deßhalben fy jn noch einmal fragt: „Kompt jr auß dem Paradyß?" — „Ja, liebe frauw," fprach der Student (dann
er marckt[4]) von ftunban wol, wen er vor jm hatt). Do
fprach die beürin: »Lieber guoter freünd, kompt mit mir
in die ftuben, fo wil ich euch etwas weyters fragen.« Als
er nun in die ftuben kam, bo hieß fy jn niber fitzen, fieng
an vnd fprach: »Mein guoter freünd, ich hab vor auch
einen mann gehabt, hat Hans geheiffen, der ift vor dreyen
Jaren geftorben. Ach, du mein lieber Hans, Gott tröft
dein liebe feel! Ich weiß, daß er im Paradyß ift; er ift
wol fo ein frommer menfch gewefenn. Lieber freünd, habt
jr jn nicht im Paradyß gefähen? ober kennt jr jn nit?"
Der Student fagt: »Wie heißt er mit dem zuonammen?"
Sy fprach: »Man hat jm nur Hans Guotfchaaf gfagt;
er fchilhet[5]) ein wenig.« Der Student befinnt fich vnd
fprach: »Botz ja! ich kenn ihn yetz wol!« Die frauw

1) zu Haufe. 2) zuvor, früher. 3) gehabt. 4) merkte. 5) fchielt-

fprach: „Ey, lieber freünd, wie gehts jm, meim [1]) guoten
Hanfen?" Der Student antwort vnd fprach: „Schlecht=
lich [2]) gnuog! der arm tropff hat weder gelt noch kleider.
Wann guot gfellen nit das beft gethon hettenn bißhär, er
wer wol hungers gftorben; dann wo etwan guot gfellen
bey ein ander zechen, fo holt er weyn vnd brot vnd fchenckt
jnen eyn." Do die frauw das hort, fieng fy an weinen
vnd fprach: „Ach, du mein Hans! nun haft du nie keinen
mangel bey mir gehabt vnd muoft erft in jener Wält
mangel leyden! Hett ich das gwüßt, ich wölt dich wol ver-
forgt haben mit kleibern vnd mit gelt, daß du auch andern
gleych hetteft mögen zeeren; dann du von Gotts gnaden
noch guote kleider haft. Hett ich nur ein botten [3]), ich wölt
dirs fchicken vnd ein guoten zeerpfenning darzuo." Der
Student, als er fölichs hort, fprach er zuo der frauwen:
„O liebe frauw, feyt guoter bing: wenn es nur an einem
botten manglet, fo wil ich euch wol fo vil zuo gefallen
thuon vnd jms bringen: dann ich yetz den nächften [4]) widerumb ins Paradyß wil, ich hab etlichen mer gelt zuo
bringen." Als die beürin foliches hort, war fy fro, vnd
bracht dem Studenten zuoeffen vnd trincken vnd hieß jn
redlich zechen; „dann ich wil (fprach fy) dieweyl [5]) ein
ding [6]) zuofammen fuochen." Alfo geht fy hinauf in die
kammer über den kaften, da des Hanfen kleider lagen vnnd
nimpt etliche hembber, zwey par hofen vnd den gefüllten [7])
rock fampt etlichen fazenetlin [8]), machts auff das gfchmey-
digft [9]) eyn, daß es feyn kommlich [10]) zuo tragen ift. Darnach hat fy etlich alt Vngeriích gulden vnd guot alt

---

[1] meinem. [2] fchlecht. [3] Boten. [4] nächftens, fogleich. [5] unter-
deffen. [6] irgend Etwas. [7] gefütterten? [8] Schnupftüchern (fazze-
letta). [9] forgfältigft. [10] bequem.

gstempfft[1]) plaphart[2]), bindts in ein weyſſz lümplin, gibts
dem Studenten mit ſampt der burby[3]) vnd ſchenckt jm auch
etwas, damit ers deſt fleyſſiger außrichte. Als er nun geſſen
vnd truncken hatt, nimpt er die burby mit den kleidern auf
den halß[4]), danckt der frauwen vnd zeücht darmit daruon.
Nun was es eben vmb mittag, daß der baur auß dem holtz
heim kam, lieff jm die frauw entgegen vnd ſprach: »Lie=
ber haußwürt, ſol ich dir nit wunder ſagen: es iſt ein
mann bey mir gweſen, der kumpt auß dem Paradyß vnd
kennt mein Hanſen ſälig wol; er hat mir gſagt, wie er ſo
arm ſey vnd groſſen mangel leyde; do bin ich hin gangen,
hab jm ſeine kleider geſchickt ſampt etlichen Vngeriſchen
gulbin vnnd gſtempfften plapharten, weliche du nit gewüßt
haſt, vnd ſolt dich der ritt ſchitten[5]).« Der baur erſchrack
vnd ſprach: » Ey, du haſt jm den Teüfel auf den kopff
geben!«[6]) ſitzt ſchnäll auff den beſten hengſt vnd eylt dem
Studenten nach. Der Student aber ſtäts hinderſich luo=
gende (dann er verſach ſich wol, es wurd alſo gehn), als
er den bauren ſicht härnach eylen, wirfft er gſchwind die
burby in ein hag vnd findt vngferd ein par haghändt=
ſchuoch[7]) vnd ein ſchaufel; die legt er an. Als nun der
baur zuo jm kam, fragt er, ob er nit einen mit einer burdi
gſehen hab? »Ja! alsbald er euch gſehen, iſt er über den
hag gſprungen vnd dem holtz zuo gelauffen.« Der baur
ſprach: »Lieber, halt mirs roſſz, ſo wil ich jm nach eylen;«
ſpringt hie mit über den hag dem holtz zuo. Der Student
nimpt die burby, ſitzt auffs roſſz vnd reyt daruon. Als nun
der baur niemant fand, keert er widerumb, ſo findt er we=

---

1) geſtempelte (geprägte). 2) Dickpfennig. 3) Bündel. 4) auf die
Uchſel, den Rücken. 5) ſollte dich das Fieber befallen. 6) du haſt
dich anführen laſſen. 7) Arbeitshandſchuhe.

der das roſſ noch den, ders jm gehalten hat; do gedacht
er wol, wie es zuogangen wer. Als er nun heim kumpt,
fragt jn die fraum, ob er jn gfunden hab. Er ſagt: „Ja,
ich hab jm das roſſ darzuo geben, das es jm beſt belbe
werde.“

6. **Wie ein Schneyder in Himmel kumpt vnd vn-
ſers Herrgotts fuoßſchämel nach einer
alten frauwen hárab wirfft.**

Es hat ſich begeben an einem ſchönen tag, das vnſer
Herrgott ſpazieren wolt gehen, vnnd nam all ſeine Apoſtel
vnd Hevligen mit jhm, alſo daß niemands daheim im Himmel blieb dann allein S. Peter; dem befalch er, daß er
gedächte [1]) vnd niemands eynlieſſe, diewevl er auß wer, vnd
zoch alſo daruon. Nun kam ein Schneyder für den himmel; der klopffet an. S. Peter fraget, wer da wer vnd
was er wölte? Der Schneyder ſagt: „Jch bin ein Schneyder vnd wölt gern in himmel.“ S. Peter ſprach: „Jch darff
niemands eynlaſſen, dann vnſer Herrgott iſt nit daheimen,
vnd wie er hinweg gieng, verbot er mir, ich ſolt gedencken
vnnd niemands eynlaſſen, diewevl er auß wer.“ Aber der
Schneyder ließ nit nach, St. Petern zuo bitten vnd bewegt
jn mit ſeinem langen bitten dahin, daß er jhn verwilliget
hinevn zelaſſen [2]), doch mit dem geding [3]), er ſolte in einem
winckel hinder der thürenn ſein züchtig vnd ſtill ſitzenn, damit, wenn vnſer Herrgott keme, daß er ſeiner nit war-
neme vnnd zornig wurde. Das verhieß er jm: Alſo ſaß
er ſich hinder die thüren in ein winckel, vnnd ſobald S.
Peter für die thür hinauß gehet, ſteht der Schneyder auf

---

[1]) aufpaßte. [2]) daß er einwilligt, ihn hinein zu laſſen. [3]) Bedin-
gung.

vnd geht inn allen wincklen im Himmel hárumb vnd beſicht
eins nach dem anderen. Zuo leſt ſo kumpt er zuo vilen
ſchönen vnd koſtlichen [1]) ſtülen, vnder welchen in der mitte
ein gantz gulbiner Seſſel ſtuond, darinn vil koſtliches Edel-
geſteins verſetzt [2]) was; er was auch vil höher dann der
anbern ſtül keiner, vor welchem auch ein gulbiner fuoßſchämel ſtunb; auff dem ſelbigen Seſſel ſaß vnſer Herrgott,
wenn er daheim was. Der Schneyder ſtuond ſtill vor dem
Seſſel ein guote weilen vnd ſahe jn ſtätigs [3]) an, dann er
jm am aller baſten vnder den anderen gefiel. Alſo geht er
hinzuo vnd ſetzt ſich inn den Seſſel. Wie er nun alſo ſitzt,
ſicht er nidſich [4]) vnb ſicht alle bing, was auff erben geſchicht. Vnder anderem aber erſicht er ein alte frauwen,
welche jrer Nachbeürin ein vnderbanb [5]) garn ſtilt, daruon
dann der Schneyder erzürnet, nimpt den gulbinen fuoßſchämel vnb wirfft den nach der alten frauwen durch den
Himmel auff die Erben hinab. Do nun der Schneyder den
ſchämel nit mer erlangen mocht, ſchlich er hüpſchlich [6]) auß
dem Seſſel vnnd ſatzt ſich wider vnder die thür an ſein
altes örtlin [7]) vnd thet bergleychen [8]), als wenn er nirgends
da [9]) geweſen wer. Als nun vnſer Herrgott wider heim
kam, warb er des Schneyders nit gewar; wie er ſich aber
inn ſeinen Seſſel ſetzt, manglet er ſeines ſchämels. Alſo
fragt er S. Peter, wo ſein ſchämel hin kommen ſey? S.
Peter ſagt, er wüßte es nit. Do fragt er weyter: "Wär
iſt da geweſen? haſt niemand háreyn gelaſſen?" Er antwort vnb ſprach: "Ich weiß niemanbt, der hinnen [10]) iſt
geweſen, dann ein Schneyder, der ſitzt noch da hinder der

1) koſtbaren. 2) eingeſetzt. 3) beſtänbig. 4) unter ſich. 5) Strehn,
Gebund. 6) ſacht, leiſe. 7) (kleinen) Ort. 8) ſtellte ſich, that ſo.
9) an keinem andern Ort daſelbſt. 10) hierinnen.

thüren.« Do fraget vnser Herrgott den Schneyder vnd sprach: »Wo haſt mir mein Schämel hin gethon? haſt du ihn nicht geſehen?« Der Schneyder erſchrack, gab mit forcht vnnd zitteren antwort vnd ſprach: »Ich bin in deinem Seſſel geſeſſen vnd hab geſähen, wie da vnden auff Erden ein alte frauw jrer Nachbeürin ein vnberband garn ge⸗ ſtolen hat, darab [1]) ich erzürnet bin worden vnnd hab den ſuoßſchämel nach jr geworffen.« Do warb vnſer Herrgott zornig über den Schneyder vnd ſprach: »Hey, du ſchalck, ſolt ich ſo manchs mal ein ſchämel nach dir geworffen haben, als offt du zeuil zeren [2]) geſchnitten vnd ins aug [3]) geſchoben haſt, ich hette weder ſtül noch bänck mer im Him⸗ mel.« Alſo warb der Schneyder für den Himmel härauß geſtoſſen vnd jhm ſein bräſten [4]) vnnd mangel auch entdeckt vnd ans liecht härfür gezogen worden. Es iſt auch zuo beſorgen, man finde deren noch vil yetz zuo vnſeren zeyten, ſo einen, der in einem laſter kaum eines ſtrohalms tieff ſteckt, rechtfertigen [5]) vnd ſtraaffen wöllen, vnnd aber ſy gar barinn erſoffen ſind.

7. Jörg Wickrams vorzüglichſte Schriften; Schluß.

4) **Der Goldfaden.**

Von Wickram's weitern Schriften ſind noch zu nennen: Der Irr Reitend Bilger; die Siben Hauptlaſter; Von Guten vnd Böſen Nachbaurn, eine Erzählung, und die Narren beſchwerung, von welchen in den Jahren 1556 bis 1558 Knobloch in Straßburg Ausgaben beſorgte.

[1]) barüber. [2]) Stück Tuch. [3]) Oeffnung im Tiſch der Schneider. [4]) Gebrechen, Fehler. [5]) gerichtlich verfolgen.

Berühmter jedoch als diese moralisch-satyrischen Bücher, und nach dem Rollwagenbüchlein am meisten verbreitet, ist: Der Goldfaden, mit welchem Wickram als Schöpfer des deutschen Romans auftritt.

Von 1557 bis 1670 zählt Göbeke 1) davon acht verschiedene Ausgaben auf. Clemens Brentano hat ihn 1809 erneuert zu Heidelberg herausgegeben.

Die älteste Ausgabe führt folgenden Titel:

„Der Goldtfaden. Eine schöne liebliche vnb kurtz-„weilige Historie von eines armen hirten son, Lewfrieb „genant, welcher auß seinem fleißigen studieren, vnber „blnnßbarkeyt, vnb Ritterlichen thaten eines Grauen (Gra-„fen) tochter vberkam, allen Jungen knaben sich der tugendt „zuo befleiffen, fast dienlich zuo lesen, Newlich an tag geben „durch Jörg Wickram von Colmar .... Getruckt zuo „Straßburg bey Jacob Frölich, 1557," 4.

Da ich mir, ungeachtet mehrfachen Nachsuchens, kein Exemplar dieses Buches verschaffen konnte, so muß ich den Inhalt desselben nebst einem Kapitel des Originals selbst nach F. A. Pischon's Denkmälern der deutschen Sprache 2) mittheilen:

»Im Königreich Portugal war ein armer Hirt Namens Erich, der viele und schöne Kinder hatte, welche ehrlich versorgt wurden; zu dem kam ein Löwe, welcher ganz zahm war und ihm das Vieh hütete. Als seine Hausfrau hierauf einen Sohn gebar, fand sich auf dessen linker Brust ein Muttermal einer Löwentatze gleich. Das Kind ward Leupold genannt und von einem reichen Kaufmann mit seinem einzigen Sohn erzogen; auch setzte dieser den Hir-

1) Grundriß zur Gesch. der deutsch. Lit. 1, 372. 2) B. II, S. 436—440.

ten Erich auf eine Pachtung, wohin dieser den zahmen
Löwen, Lottman, mit sich nahm, welchen er aber dem Kö=
nige zu seiner großen Betrübniß überlassen mußte. Leupold,
welcher indessen gut erzogen wurde, ließ eines Tages, als
die Schulknaben ihn zum König erwählt hatten, einen
andern Knaben sehr hart züchtigen, und da der Schul=
meister die Sache erfuhr und Leupold harte Strafe be=
fürchtete, ging er davon, und gab vor, seinen Vater be=
suchen zu wollen. Er wurde Küchenbube an eines Grafen
Hof, und da er sehr schön sang, gewann ihn das Hofgesind
sehr lieb, vor allen aber auch die schöne und kunstreiche
Tochter des Grafen, Angliana. Als diese aber am Neujahr
allem Hofgesind Geschenke machte, vergaß sie des Küchen=
buben, worüber er, der die Jungfrau inbrünstig liebte, sehr
betrübt war. Als aber eines Tages der Graf seinen Ge=
sang im Garten hörte, nahm er ihn aus der Küche und
gab ihn seiner Tochter zum Diener, worüber er große
Freude hatte. Als Angliana einst einen Gesang von ihm
hören wollte, sang er folgendes von ihm selbst gedichtete
Lieblein:

„Im thon gang mir auß den bonen [1].

„O armuot du vntreglichs Joch,
Wie bist so gar verachtet,
Wer wolt dich gern behauffen [2] doch,
So er auß grundt betrachtet,
Wie gantz vnwerdt,
Du bist auff erdt,

---

1) d. h. nach dem Versmaß und der Singweise des sogenannten
Bohnenliedes.

2) beherbergen, aufnehmen.

Es möcht eim vor dir graufen,
Köntſt ſchon all kunſt,
So iſts vmb ſonſt,
Niemant wil dich behauſen.

„O armuot du vntreglich bürd,
Wie hart haſt mich beſchwäret,
Auff erd niemant erfunden wirt,
So dein zum fründ begeret,
Kumbſt eim zuo hauß,
Wilt nimmer drauß,
Verſperreſt jm ſein glücke,
Dem ſonſt zur Zeit,
Guot, hab vnd beut,
Möcht werden offt vnd dicke.

„So giengs mir auch im newen jar,
Da muoſt ich dein entgelten,
Ward hindann geſtelt,
Vnn lär gezelt,
Drumb ich dich billich ſchellen
Muoß tag vnd nacht,
Dann ich veracht,
Wardt vor allem Hofgeſinde,
Die man ſunſt all
Begabt mit ſchall,
Darumb bin ich dir feinde.„

Angliana ſah wol, daß das Lied ihrenthalben gemacht
ſei, ließ ſich aber nichts weiter merken vnd zeigte ſich ihm
ganz gnädig.

Was nun am nachfolgenden Neujahr geſchah, mag Jörg
Wickram uns ſelbſt erzählen:

„Es füget ſich aber auff den newen Jarstag das Angli-

ana jr gewonheit nachgon thet, sie befalch Lewfrieden jren
Kammerknaben, er solt alles hoffgesind auff ein bestimpte
stund zuo jhr in das zimmer heissen kommen, vnd das new
Jar von jhr empsahen, Des was er Lewfrid gantz willig,
dann er was guoter hoffnung Angliana wird jhn nicht mit
dem geringsten ¹) begaben, dieweil vnn der jhr Diener was,
vnnd stetigs auff jhren befelch warten muoßt. Das gantz
hoffgesind versamlet sich eilens. Als sie zuosammen waren
kommen, hat Angliana angefangen dz new jar außzuo-
teilen, von dem ersten biß auff den letsten, Als es aber an
ben guoten Lewfriden kam sagt Angliana dein Lewfrid hab
ich sicher vergessen, du aber hab diß mal gebult, auff ein-
and jar wil ich dich zwifach begaben, biß aber thet Angliana allein darumm, dz sie versuchen wolt, wie sich der
jung halten würt, Lewfrid wendet sich mit einem grossen
vnd schweren seüffzen von der Junckfrawen Angliana, dann
jr wort nit anders jn durchschnitten, als wann man jm
ein schneidendes schwerdt durch sein hertz gestochen hett, Er
muoßt scham halben auß dem zimmer, vnd fing an hertz-
lichen weinen, Sein ellend vnd jamer zuoklagen. Den anb-
ren tag aber als er in dem zimmer seines amptes warten
solt, stund er vor der Junckfrawen Angliana, welche an
einer Rammen ²) köstlich gewirck, deß sie dann ein meisterin
was, wirket. Lewfrid so offt vnd ³) er die Junckfraw ansah,
einen schweren seüffzen von seinem hertzen gehn ließ, des
die Junckfraw war nam, doch gar nicht dergleichen thet,
als wan sie es merckct, dann jhre Junckfrawen waren zum
theyl noch in dem zimmer, derhalben verzog sie biß sie
jetzund all hinauß kommen waren, Lewfrid aber seines leybs

---

¹) d. h. mit etwas Außgezeichnetem. ²) einem Rahmen. ³) als.

4

noch nit vergeſſen, Sonder für vnnd für mit ſchweren
ſeufftzen umbfangen, die er dann oft von Hertzen ließ.
Angliana als ſie jetzunb allein bey Lewfriden in dem ge-
zimmer war, ſagt ſie mit lachenbem munb, vnn mit freunbt-
lichen worten zuo jm, mein lieber Lewfrid, wiß bas ich bich
zweyer vrſachen halb gern etwas fragen wolt, bie ein vrſach
barumm ich fragen wolt, hat ſich beinenthalben in ver-
gangnem Sommer zuo tragen, namlich mit bem lieb, ſo
bu von ber armuot geſungen, ob bu ober jemans anb's
ſemlichs gebicht, ob' wen es boch beruoren thet. Die anb'
vrſach aber iſt biß, wz bich boch heüt vnn ben geſtrigen
tag zuo ſemlichen tieffen ſeufftzen vrſachet, baran wölleſt mir
lieber Lewfrid nichts verhalten. Der Jüngling nit lang
auff b'Junckfrawen frag ſchweigen thet, von ſtunban gab
er jr antwort vnb ſagt, Wolgeborne gnebige Junckfraw ich
bin bereit, euch bie beiden fragen zuo erkleren, Die erſt
fürnemlich bz lieblin ſo ich gemacht, an bem ewer gnab
allein ſchulb tragen thuot, bann vor einem jar vergangen,
bo het ewer gnab gleich wie auff ben geſtrigen tag, alles
hoffgeſinb mit einem newen jar verehret, allein mich armen
Kuchenbuoben bozumal außgeſchloſſen, Jetzunb aber bieweil
ich in ewer gnaben bienſt kommen, het ich nit gebacht baß
mich euwer gnab bermaſſen außgeſchloſſen hett, wie mir
bann auff bas geſtrig new jar wiberfahren iſt, bas ſelb
allein vrſachet mich zuo meinem trauren, Angliana als ſie
von Lewfriden bie vrſach vernam, gebocht ſie heimlich in
jr ſelb, wie ſie ben guoten jungen wiber wolt verurſachen
über ſie zuo klagen, bamit er aber etwan ein lieblin bauon
machet, Jeboch nam ſie jhr für jhme in kurz hernach ein
reiche verehrung zuothuon. Sie griff alſo nach einem ge-
zwirnten gülben faben, ſo ſie an jhr wirckrammen hat han-

gen, vnd mit spötlichen worten gab sie den selbigen dem
guoten Lewfriden vnd sagt, Damit du mein lieber diener
nit sagen dörffest, du seyest jetzund aber von mir so gar
außgeschlossen, vor andrem hoffgesind, So nimm von mir
zuoband bise reiche schanckung vnd gab, behalt die wol,
damit du mir das künfftig Jar mögest zeigen, mit was
fleiß du sie habest auffgehoben, Lewfrid empfing disen Goldtfaden mit grosser freud, dancket auch der Junckfrawen mit
höchstem fleiß, Gnedige Junckfraw sagt er, dise gab will ich
dermassen verwaren, vnn so wol behalten, das ich nimmer
darumb kummen will, das thuo, sagt Angliana, damit gibst
du mir vrsach dich mit einer andren schanckung zuuerehren.
Diß redt Angliana zu dem Jüngling, ihr aber was sein
vnmeßliche liebe gar verborgen, So hat sie auch gar kein
gedancken, wohin der Jüngling den Goldtfaden behalten
wird, Lewfrid nam vrlaub von der Junckfrawen vnd gieng
eilens in sein gemach.

Leufrid öffnet aber mit einem scharfen Messerlein seine
Brust und verwahrt darin den Goldfaden und heilt die
Wunde zu. Er machte auch darauf ein Lied, worin dieser
Vers vorkommt:

„Den faden ich,
Gantz fleißigklich,
Hab in mein hertz v'schlossen,
Niemant jn mag,
Bey nacht vnd tag,
Mir nemen in dermassen,
In starckem schrein,
Vnd hertzen mein,
Ist diser faden behalten,
Der den will han,
Muoß von stund an,
Vornen mein brust zerspalten."

Er sang auch dieses Lied der Gebieterin vor, als sie aber
einst wissen wollt wo er den Faden habe, schnitt er seine
Brust auf und zog ihn heraus. Von der Stund an ergriff
die Liebe auch die Jungfrau, daß sie Lewfriden stets in
ihrem Sinn hatte und ihn reichlich beschenkte, doch oft
traurig war. Indessen war aber der Jüngling herange-
wachsen und der Graf nahm ihn zu seinem Kämmerling
und schickte ihn in manchen Geschäften auf Reisen. Von
einer solchen brachte er einst einen schönen weißen Bracken,
welcher sich, als er in einem Walde verirrt war, zu ihm
gefunden hatte. Diesen hatte Angliana sehr lieb und erhielt
ihn von Leufried geschenkt. Indessen lag Walter, des reichen Kaufmanns Sohn, mit welchem Leupolt erzogen war,
seinem Vater an zu erlauben, seinen lieben Bruder Leufried aufzusuchen, was ihm dieser ungern gewährte. Als
nun Walter auf seiner Reise mit seinem Diener in einen
tiefen Wald kam, wurden sie von drei Räubern überfallen
und an Bäume gebunden. Den Räubern aber begegnete
Leufrid, der nach Lissibona reisen sollte und wurde ebenfalls
von ihnen angegriffen; er tödtete aber zwei der Räuber,
verwundete den dritten und zwang ihn sein Führer zu sein
und ihn dahin zu geleiten, wo jene beiden angebunden
waren; denn der Räuber hatte gestanden, daß sie die beiden bepackten Pferde, welche sie mit sich führten, den Rei-
senden abgenommen hätten. So befreite Lewfrid die Ge-
bundenen, reiste mit ihnen weiter und wurde nun zu bei-
derseitiger Freude von Walter erkannt. Als nun Beide nach
Lißbona an des Königs Hof kamen, war der Löwe Lotzman
gegen sie ganz freundlich, worüber sich Alle verwunderten.
Nach der Rückkehr zum Grafen brachte Lewfrid auch Angliana und ihren Frauen Geschenke, reiste dann mit dem

Grafen zu einer Hochzeit an des Königs Hof zu Lißbona, wo der Löwe nicht mehr von ihm weichen wollte und ihm nach Hause folgte. Bald aber wurde Anglianas und Leufrids Liebe vom Grafen durch einen Brief mit einem Ringe, welchen Leufrid der Geliebten sandte, und der dem Grafen in die Hände fiel, entdeckt, und der Graf wollte Leufrid auf der Jagd umbringen lassen. Der Jäger aber, welcher Leufriden verdächtig gemacht war und seinen Spieß nach ihm warf, wurde vom Löwen erwürgt.

Als nun Angliana und Florina vor dem Grafen erschien, hat er „mit schwarzen Worten seine Tochter angefaren", daß sie eines Hirten Sohn ihre Liebe zugewendet und auch Florina als einer Undankbaren vorgeworfen, wie sie diese Liebe bestärkt habe. Angliana aber nahm alle Schuld auf sich allein, bekannte ihre Liebe und erklärte, wie sie nur das Edle geliebt und der Vater selbst Lewfriden oft als trefflich dargestellt habe. Der Graf entließ sie, sagte aber: Lewfrid, der nicht todt sei, solle sich nie vor seinen Augen sehen lassen. — In tiefer Trauer, von aller Welt getrennt, lebte nun Angliana, daß endlich der Graf anderen Sinnes ward und Lewfriden durch einen Brief wieder zu sich lud. — Lewfried war indessen mit Walter und dem Löwen nach Salamanca gezogen in großem Trauren; dort fand ihn der Bote, doch traute er nicht ganz, sendete Walter zum Grafen und schrieb, er wolle nur als Ritter wieder an den Hof kommen. Anglianen aber versprach er in einem Brief, er wolle als Waldbruder verkleidet am nächsten Sonntag vor ihr erscheinen. Dies sucht er auszuführen, ritt zu einem Waldbruder (wobei eine Geistererscheinung des vom Löwen getödteten Jägers ihn erschreckt und Köhler ihn freundlich aufnehmen), wohin auch der treue Schildbube kam, der ihn damals gewarnt hatte, sahe dann am Sonntag seine Geliebte und empfing von ihr ein Kleinod und einen Brief, wie er ihr in einem Gebetbuch Nachrichten über sich gab. So hielt er sich einige Zeit beim Waldbruder auf, bis auch der Graf, nun ganz besänftigt, sich aussöhnte und darauf mit ihm in den Krieg des Königs von Portugal gegen Castilien zog, worin sich Lewfried durch Waffenthaten den Ritterschlag erwarb. Solche Botschaft richtete die um ihren geliebten Lewfried trauernde und kranke Angliana auf und freudig empfing sie den mit Lewfried siegreich zurückkehrenden Vater. Dieser wurde bald nachher von einem Freiherrn, welcher früher um Angliana geworben hatte, auf der Jagd überfallen und an einen Baum gebunden, aber von Lewfried ritterlich errettet. Nun wurde die Hochzeit mit Angliana unter großen Freuden mit Turnieren und Tanzen gehalten. Fröhlich lebte Lewfried und hatte mit seinem Bracken und dem Löwen Lotzman viel Kurzweil, wurde aber einst auf der Jagd von einem Hirsche schwer verwundet, dort vom Kaufmann und Walter gefunden, von Angliana aufgesucht und nach des Grafen Wohnung zurück gebracht; als dieser aber dem Verwundeten entgegen eilte, stürzte er eine Treppe hinab und starb an dem Fall. — So wurde Lewfried Herrscher im Lande, ließ Vater und Mutter zu sich kommen, versorgte Walter aufs beste und lebte friedsam und freundlich mit Angliana. Die Kinder, welche ihnen Gott bescherte, zogen sie in Gottesfurcht auf, und Glück und Heil ging ihnen zur Seite, bis sie Gott aus diesem Jammerthal zur ewigen Seligkeit berief."

Unter den Literaturhistorikern hat Gervinus[1]) unfern Jörg Wickram am härtesten, und auf höchst unbillige Weise behandelt. Andere haben gerechter über ihn geurtheilt; so ist er z. B. für Vilmar, Kurz und Göbeke mehr als ein „unbedeutender Vielschreiber", wie Gervinus will, der behauptet, daß er sich mit seinem Rollwagenbüchlein „ganz unter die niedrigsten Volksbücher stellt."

Göbeke faßt Wickrams vorzüglichste Leistungen auf folgende Weise kurz und treffend zusammen:

„Er bearbeitete ältere Gedichte wie den Ovid Albrechts von Halberstadt, übersetzte vielleicht auch das Volksbuch von Galmy und schuf durch seine Erzählungen von Reinhard und Gabriotto, von Wilibald, von guten und bösen Nachbarn, und den Goldfaden den deutschen Roman. Sein Rollwagenbüchlein (eine Anekdotensammlung zur Unterhaltung im Reisewagen) gab der Schwankliteratur neue Anregung. Auch die kleine dichterische Erzählung suchte er durch sein Gedicht vom irre reitenden Pilger in Aufnahme zu bringen. Seine Bedeutung liegt wie bei Hans Sachs, dem er an Lebensglück und Kunst nachsteht, in der Einführung der Dichtung in den Bürgerstand, theils indem er für ihn schrieb, theils indem er aus ihm schöpfte."

---

1) Gesch. der poetischen National-Literatur der Deutschen. III, 117 —118 (Ausgabe v. 1838).

Nachtrag.

Mein Vorhaben war, als Anhang zu dieser skizzenhaften Arbeit über Jörg Wickram, einige Nachrichten über die Meistersängerschule zu Colmar zu geben, deren Stifter, oder, wie er selbst sagt, "Anfänger", er war; allein es ist nichts mehr darüber in den dortigen Archiven vorhanden, wie mir der gelehrte und gefällige Stadt-Archivar Hr. X. Moßmann schreibt. Die Papiere derselben sind bis zur Revolution in der Zunft "Zum Wolleben" oder der Schusterzunft, dem jetzigen Hause Traut, in der Schäbelgasse, aufbewahrt worden, seitdem aber spurlos verschwunden. Dies ist um so mehr zu beklagen, da Colmar in den Literaturgeschichten, nächst Mainz, Augsburg, Nürnberg, Memmingen, Ulm, Straßburg u. a. stets zu den bedeutendern Schulen gezählt wird, wie es auch die von K. Bartsch herausgegebenen Meisterlieder der Colmarer Handschrift, Stuttgart 1862, bezeugen, deren Original sich auf der königlichen Bibliothek zu München befindet.

Von der Familie Wickram theilt mir Hr. Moßmann noch mit, daß dieselbe eine der wohlhabendsten und angesehensten der Stadt Colmar gewesen sei und zur Zunft der Kaufleute gehört habe.

Inhalt.